Inhaltsverzeichnis

D1727566

über mich

Micheil Conan-Clach

Autor und Coach

Betreiber der Seiten:

Aroma-Elfe.de | Conan-Clach.blog

Zauberwaldelfe.de.

Mein Geburtsname ist Michael, ich wurde im Sternzeichen Waage und dem Aszendenten Steinbock in Hardheim geboren. Dort verbrachte ich auch meine Kindheit und Jugend.

Durch meine Eltern und Großeltern wurden mir auch noch die alten Werte und Tugenden wie

- Wahrheit

- Treue • Disziplin

- Fleiß und Ausdauer

- Ordentlichkeit • Ehre

- Selbständigkeit

- Mut

- Sparsamkeit

- Reinlichkeit und Pünktlichkeit

- Gastfreundschaft

vermittelt, auf was ich heute sehr stolz bin. Da ich aus einer Soldatenfamilie stamme durfte ich auch noch ein paar Soldatentugenden erfahren, was mir auch nicht geschadet hat und mich sehr geprägt hat. Und jetzt stellen Sie sich nur nicht vor das es extrem streng bei uns zuging. Nein, das würde ich nicht behaupten,obwohl in manchen Situation schon der Soldat bei meinem Vater durchkam, grins, doch geschadet hat es mir auf keinen Fall.

Wir waren also eine ganz normale durchschnittliche Familie mitten in Deutschland. Naja ganz so normal wohl doch nicht, die Aussage ist eher subjektiv. Mein Großvater gehörte ein Geschäft im Ort und belieferte noch vor dem Krieg, seine Kunden, das Waren viele Aussiedlerhöfe im Umkreis von 35 km mit Kolonialwaren, Textil und brachte von dort auch Handelswaren vorwiegend Sämereien mit. Mein Vater war beruflich zwar Soldat hatte aber viele ehrenamtliche Tätigkeiten in Vereinen, Feuerwehr und war auch politisch tätig im Gemeinde.- und Kreisrat und das, wie sollte es anders sein auch wieder mit diversen Pöstchen. Dies schreibe ich nur weil auch dies mich sehr prägte, somit kannte man mich natürlich auch im ganzem Kreis spätestens wenn mein Name viel, was mir dann immer unangenehm war. So hat es also bei meinen Jugendstreichen immer geheißen aufpassen ersten kennt die doch jeder, zweitens war es innerhalb weniger Tage Ortsgespräch und mein Vater wusste es dann ja auch was ich ausgefressen habe. Aber das sind Dinge die einem zwar beeinflussen, doch als Kind kannte ich es ja nicht anders ich wuchs ja so heran. Diese Dinge die mich hier auch wesentlich prägten fielen wir erst viel später auf und ich stellte fest das alles gut so ist wie es war. Also machte ich in unserem

Ort die Schule, ging dort zur Lehre als Maschinenschlosser und suchte immer nach Möglichkeiten es irgendwie anders zu machen wie die anderen, was mir nie richtig gelungen ist.

Zu meinem 18ten Geburtstag wurde mein Vater in einer Gemeinde im Schwarzwald zum Bürgermeister gewählt. Womit ein Umzug der ganze Familie im Raum stand, auch hier wurde nichts von oben herab bestimmt sondern meine Schwester und ich sowie selbstverständlich meine Mutter wurde zuvor gefragt, wenn er sich dort aufstellen liese und er die Wahl gewinne, ob wir mitgehen würden. Hier musste ich dann meine erste gravierende Entscheidung treffen, die erhebliche Auswirkungen für mein Leben haben könnte. Es war schon ein komisches Gefühl, hunderte Gedanken hämmerten auf mein Kopf ein. . . . wo anders hinziehen ? . . . was würde mit unserem Haus und Grundstück, auf dem ich groß ge-worden bin ? . . . meine Arbeit ? . . . wie könnte ein Neuanfang aus-sehen ? und natürlich vieles mehr. Meine Schwester, zu dieser Zeit in der Realschule 9. Klasse, sagte sich der ideale Zeitpunkt noch vor den Prüfungen und willigte ein mit zugehen. Meine Mutter war auch dabei und auch meine Großmutter mit damals 81 Jahren war nach langer Überlegung mit von der Partie, Was den Frauen aus meiner Familie wirklich durch den Kopf, kann ich heute nicht mehr wieder geben ob darüber gesprochen wurde kann ich mich nicht erinnern. Zu meiner Person kam zu dieser Zeit ja auch dazu das der Barras vor der Türe stand. Was mir die Entscheidung um einiges leichter machte. Da mein Vater ja bis zu diesem Zeitpunkt beim Militär war, fragte ich ihn ob er da was machen könnte und ich in die Kaserne nach Donaueschingen kommen könnte. Er versprach mir zu schauen ob etwas machbar ist. Ganz ging die Rechnung von mir leider nicht auf, da am Standort Donaueschingen zu dieser Zeit niemand eingezogen wurde, aber ich konnte nach Immendingen eingezogen werden. Da Immendingen von dem neuen Heimatort nur ca. 30 km entfernt war, meine Clique die aus lauter Mädels bestand, sich auflöste da alle mit Ihren Partnern in die USA zogen, war ich bereit diesen Schritt zu machen und willigte schließlich auch ein. Es folgte ein Jahr mit sozusagen drei Wohnsitzen, der erste und auch der offizielle war die Kaserne in Immendingen, der zweite war die neue Heimat und der dritte war die älteste mein Geburtsort. Abwechselnd verbrachte ich dann die Wochenende an diesen drei Orten der Grund hierfür war das wir in der neuen Heimat noch keine Bleibe hatten und mein Vater mit meiner Schwester aus schulischen Gründen in einer

Ferienwohnung wohnten, die ziemlich eng war wenn meine Mutter und ich auch dort „zu Besuch " waren, dann die Wochenende wenn wir uns alle in Hardheim trafen, und die Tage wo terminlich nichts zu machen war und ich in der Kaserne verbrachte. Nach der Zeit beim Barras, absolvierte ich eine zweite Lehre als Kaufmann mit dem Ziel danach BWL auf der Berufsakademie zu studieren, was zu dieser Zeit ziemlich viele getan haben. Nach der Ausbildung hatte ich gleich die Chance in einer Firma direkt als Disponent mit Personalverantwortung anzufangen und da ja jeder Tro…. zu dieser Zeit BWL machte, fand dich dies für den richtigen Weg. 1995 lernte ich meine erste Frau kennen die ich 1996 geheiratet hatte. 1999 kam meine erste Tochter auf die Welt und 2005 wurde mir noch eine zweite Tochter geschenkt. 1997 machte ich den letzten Schritt für meine persönliche Karriereleiter und wurde in Stuttgart Niederlassungsleiter von einer Filiale mit 500 Mitarbeiter. Diese war leider in der Branche der Zeitarbeit und das noch im Baunebengewerbe folglich mussten über zwei drittel der Mitarbeiter auf den Winter entlassen werden, dies auch unter sehr unlauteren Bedingungen innerhalb von drei Monaten hatte ich über 64 Termine auf dem Arbeitsgericht. Dies gab mir viel zu Bedenken somit kündigte ich diesen Job und machte mich im Jahr 1998 selbstständig und führte bis 2012 erfolgreich ein eigenes Geschäft mit 5 Mitarbeitern. 2010 hatte mich meine damalige Frau nach für mich subjektiv gesehene 14 glückliche Jahre verlassen und nahm die Kinder mit. Den wahren Grund kenne ich bis heute noch nicht, natürlich kann ich mir heute einiges erklären und mir ist auch bewusst das ich da nicht ganz unschuldig daran bin. mir ist bewusst das immer zwei dazu gehören. Meine Exfrau präsentierte mir einen Lover der wiederum auch oder überhaupt ein Auge auf meine älteste damals 9 jährige Tochter geworfen hat (Details erspare ich jedem Leser). Jedenfalls nahm ich dies als Anlass meine zwei Mädchen zu mir zu holen, überraschender Weise kam auch kein größeren Widerstand von meiner Ex. Ein Tag zuvor meine Älteste Ihren zehnten Geburtstag hatte, verließ mich ein sehr großes Vorbild ein Idol und Leitbild von mir. Mein Vater war gestorben und wieder war ein geliebter Mensch weniger in meinem Leben. Ich habe zwei Kinder die ich über alles Liebe, ich war erfolgreich, mir ging es gut und trotzdem ging es mir immer schlechter. Ich habe mich darauf konzentriert zu funktionieren als Papa, als Chef, als Firmeninhaber und brach dann nach zwei Jahren des funktionieren, total zusammen als ich bemerkte ich hatte zwar alles doch nur kein Leben mehr. Neudeutsch nennt man diese Symptome „Burnout" ich litt also hochgradig an Depressionen, Als allein erziehender Vater wendete ich mich an das Jugendamt um meine Mädels versorgt zu Wissen für die Zeit in der ich mich in einer Klinik aufhalten wollte. Nach ein paar weiteren Schlägen und einem dreimonatigen Klinikaufenthalt, war ich wieder in Freiheit und in einer „Selbstfindungsphase" Ich bildete mich weiter mit Themen die mich interessierten und die mich so eigentlich immer schon beschäftigten bzw. die in meinem ganzem Leben immer wieder präsent waren ich es nur nie richtig war haben wollte oder ich andere Dinge für wichtiger gehalten habe und ich ja doch Karriere machen wollte. Doch zur Karriere und dem Thema Geld habe ich mittlerweile eine ganz andere Einstellung bekommen und ist für mich nicht mehr das wichtigste. 2010 war dann schließlich das Jahr ab dem ich alles ändern wollte, ich habe mich beruflich verändert und habe langsam angefangen das zu machen was ich heute noch tue. Habe meine Kenntnisse in der Aromatherapie, Ayurveda, Energetik, Ernährung, Kräuterheilkunde, Numerologie, Runen, Rituale, schamanisches Wissen sowie in die Spiritualität vertieft und stellte fest in diesen Gebieten werde ich nie auslernen. Ein ganz besondere Meilenstein war dann im Jahre 2016, ich lernte meine Frau Alexandra alias Lenormand - Elfe kennen, die mir in fast allen Bereichen sehr ähnlich ist. So ähnlich das meine älteste Tochter die Aussage traf "ach ist doch egal wen man fragt Dich oder Papa, die Antwort ist doch die selbe!" Nach einer kurzen Zeit haben wir uns dann nach drei Monaten das Ja-Wort gegeben. Seither leben und arbeiten wir zusammen.

Einführung

"Letzte Nacht hatte ich einen sehr seltsamen Traum!" Wie viele Gespräche hast Du in Deinem Leben mit diesem Satz bereits begonnen? Menschen sind seit jeher von den Filmen, die während des Schlafes in ihren Köpfen ablaufen, fasziniert. Viele glauben daran, dass Träume die Zukunft voraussagen, andere daran, dass sie das eigene Leben widerspiegeln oder das versinnbildlichen, was wir uns wünschen. Auf jeden Fall hat sich Traumdeutung über Jahrhunderte zu einer Kunstform entwickelt.

Ungefähr einen Drittel unseres Lebens verbringen wir schlafend. Pro Nacht träumen wir dabei währen ein bis zwei Stunden und haben dabei vier bis sieben verschiedene Träume.

Bei Erreichen der durchschnittlichen Lebenserwartung verbringen wir also ca. sechs Jahre in einer anderen Welt.

Hier einige interessante Fakten über Träume und das Träumen:

- Jeder träumt, wirklich JEDER! Wenn wir uns nicht an unsere Träume erinnern, heißt dies nicht, dass wir nichts geträumt haben.

- Träume sind unerlässlich. Das Fehlen von Träumen kann auf Proteinmangel oder eine Persönlichkeitsstörung hindeuten.

- Männer träumen häufiger von anderen Männern, wobei Frauen gleich oft von Männern und Frauen träumen.

- Menschen, welche mit dem Rauchen aufhören, haben längere und intensivere Träume.

- Kleinkinder träumen nicht von sich selbst. Sie kommen bis zu einem Alter von 3 bis 4 Jahren nicht selbst in ihren Träumen vor.

- Man kann nicht gleichzeitig schnarchen und träumen.

- Auch blinde Menschen träumen. Ob diese Träume visuelle Elemente enthalten, hängt davon ab, ob sie bereits bei Geburt blind waren oder später erblindet sind. Also davon, ob sie jemals visuelle Erfahrungen gemacht haben. Ein Traum beinhaltet jedoch auch Töne, Empfinden, Gerüche. Blinde sind dafür sensitiver und diese Elemente sind in ihren Träumen zentraler.

Die Traumwelt ist sehr spannend. Voller Hoffnung, Erwartung und oftmals auch Angst. Wir können aus einem schönen Traum aufwachen und uns erfrischt und glücklich fühlen. Auf der anderen Seite können wir schweißgebadet aus einem Albtraum erwachen und uns angespannt, verängstigt oder panisch fühlen und froh sein, dass der Traum zu Ende ist.

Seit Freuds Interpretationen der Träume publiziert wurde, wird die Wichtigkeit von Träumen anerkannt. Dir Menschen hatten zuvor - und teilweise auch noch heute - sehr abergläubische Ansuchten, bezüglich des Träumens und hielten sie oftmals für Prophezeiungen.

Dies ist ein weiterverbreitetes Missverständnis. Es ist klar, dass Du nicht stirbst, wenn Du in einem Traum von einem Turm fällst und nicht aufwachst, bevor Du auf dem Boden aufschlägst. Wenn Du träumst, dass jemand stirbt der Dir nahe steht, ist dies auch keine Warnung. Denn Träume sagen die Zukunft nicht voraus.

Jedoch können Sie uns zur Selbsterkenntnis verhelfen. Sie unterstützen uns im Umgang mit Situationen, in denen wir ratlos oder unentschlossen sind. Wenn wir unsicher sind, können sie uns bewusst oder unbewusst in eine bestimmte Richtung führen. Oder sie können uns schlicht und ergreifend auch ein gutes Gefühl vermitteln, wenn wir etwas Schönes träumen.

Der Zustand des Träumens entspricht einem Spielplatz, der unbeschränktes Experimentieren zulässt. Du hast die Chance, Gefühle auszudrücken und auszuleben, ohne dass diese Konsequenzen haben wie im Wachzustand. So bieten Träume Ausdrucksmöglichkeit für alle Deine Facetten, Deine Sehnsüchte und Dein Potential als spirituelles Wesen.

Über Träume bietet das Universum Führung in allen Bereichen des Lebens an. In Beziehungen, gesundheitlichen Fragestellungen, Karriere und materiellen Dingen. Auch in spirituellen Fragen kannst Du Antworten finden, während Du schläfst, oder Ansporn erhalten, eine besondere Herausforderung anzunehmen. Neben den spirituellen und psychologischen Erkenntnissen, welche Träume bieten, haben sie jedoch auch die wichtige Funktion, uns bei der Verarbeitung von Emotionen und Erlebnissen aus dem Alltag zu helfen.

Deshalb ist die Fähigkeit, unsere Träume interpretieren zu können ein kraftvolles Werkzeug. So kannst Du durch gezielte Analyse viel über Deine verborgenen Gefühle und

Geheimnisse lernen. Niemand kann dies in Bezug auf Dich selbst besser als Du.

In diesem Buch werden wir auf die Bedeutungen eingehen, die verschiedene Inhalte von Träumen haben können und auch deren wissenschaftliche Seite ausleuchten. Es handelt sich dabei jedoch nicht um eine definitive Anleitung, eher um eine Starthilfe, wie Du Deine nächtlichen Ausflüge für Dein Leben nützen kannst.

Denke daran, dass ein Traum Körper, Geist und Seele mit einbezieht. Er bietet Dir einen ganzheitlichen Einblick in Dein Wesen und Unterbewusstsein. Sei wachsam gegenüber Deinen Träumen und Du wirst Dich selbst viel besser kennen und verstehen lernen. Erforsche, entdecke und hab Spaß herauszufinden was es mit deinen Träumen auf sich hat!

Haben Wir schon immer geträumt ?

Dies mag nach einer dummen Frage aussehen, aber denke einmal über die ganz frühe Menschheit nach. Hat diese auch schon geträumt, als die Welt um sie herum im Vergleich zu heute noch sehr einfach war? Die Antwort ist: Ja. Während wir über die Steinzeit keine

Aufzeichnungen haben, wissen wir, dass in der römischen Zeit dem Senat wichtige Träume zur Analyse und Interpretation vorgelegt wurden .

Die Menschen damals taten also nicht anderes mit den eigenartigen Bildern die sie im Schlaf sahen, als wir heute: Sie versuchten, sie zu deuten.

Es wurden Tontafeln gefunden, welche Traumdeutung bis 3000 – 4000 Jahre v. Chr. zurück dokumentieren. Dies zeigt, dass die Menschheit, seit sie ihre Träume kommunizieren kann, diese auch zu verstehen versucht.

Der frühe Mensch war noch nicht fähig, zwischen der Realität und der Traumwelt zu unterscheiden. Er sah die Traumwelt als eine Erweiterung der Realität, die er jedoch als intensiver und farbiger erlebte.

In der Griechisch-römischen Zeit im alten Ägypten wurden Träume oft in einem religiösen Kontext gesehen und als Nachrichten der Götter verstanden. Tempel, genannt Asklepieion, wurden um die Macht der Träume gebaut. Man glaubte, dass Kranke, welche in diesen Tempeln schliefen, durch heilende Träume gesund wurden.

In Ägypten arbeiteten Priester unter anderem auch als Traumdeuter. Dort wurden Träume auch in Hieroglyphen festgehalten und Menschen, mit lebendigen und klaren Träumen wurden als besonders und gesegnet angesehen. Zu den Traumdeutern wurde hochgeschaut, da man davon ausging, dass Gott Ihnen diese Gabe geschenkt hatte.

In der Bibel werden Träume über 700 Mal erwähnt. Sie wurden als Prophezeiung und Omen angesehen. Deshalb suchten die Menschen seit jeher nach Zeichen, Warnungen und Rat in ihren Träumen. Teils wurden auch Nachrichten von Verstorbenen oder das Werk von Dämonen darin gesehen. So haben sie auch oft ihr Handeln nach den Interpretationen ihrer Träume gerichtet. Sogar das Handeln von politischen und militärischen Führern wurde oft durch sie beeinflusst. Die Griechen und Römer nahmen sogar Traumdeuter mit in die Schlacht, damit diese Ihnen bei Entscheidungen helfen konnten. Auch in der Medizin, kamen Traumdeuter zum Einsatz, welche die Medizinmänner bei Diagnosen und Heilung unterstützen sollten. Man erhoffte sich, in den Träumen wichtige Hinweise darauf zu finden, was mit dem Träumenden nicht in Ordnung war.

Die Chinesen gingen davon aus, dass die Seele während des Träumens den Körper verlässt und einen anderen Ort besucht. Sie glaubten, dass die

Seele es möglicherweise nicht schaffen könnte, in ihren Körper zurück zu kehren, wenn sie zu plötzlich aufwachten. Noch heute haben aus diesem Grund viele Chinesen Angst vor dem Wecker.

Einige amerikanische Indianerstämme und Mexikanische Zivilisationen teilen die Auffassung von einer anderen Dimension für Träume. Sie glaubten, dass ihre Ahnen in Ihren Träumen lebten und dort andere Daseinsformen, wie beispielsweise als Pflanzen, annahmen. So konnten sie ihre Vorfahren besuchen, mit ihnen in Kontakt bleiben und in dieser weiteren Dimension Hinweise auf ihre Lebensmission und ihre Rolle auf Erden finden.

Im Mittelalter wurden Träume als Übel und Versuchung des Teufels angesehen. Im verwundbaren Zustand des Schlafes füllte der Teufel den Geist des Menschen mit üblen Gedanken und verführte sie so zur Sünde.

Im frühen 19. Jahrhundert wurde Träumen jegliche Bedeutung abgesprochen und sie wurden eher als Zeichen von Ängstlichkeit angesehen. Später im 19. Jahrhundert hat Sigmund Freud die Wichtigkeit von Träumen wieder hervorgehoben und die Analyse von Träumen revolutioniert.

Sigmund Freud über Träume

Sigmund Freud beschrieb Träume als „königlichen Weg zum Unterbewusstsein". Dieses Statement wird in der Psychologie vermutlich immer Gültigkeit behalten. Freuds klassisches Werk „Die Traumdeutung" gehört zu seiner bedeutsamsten Arbeit. Freud war davon überzeugt, dass jeder Traum mit der Erfüllung triebhafter Bedürfnisses in Zusammenhang steht, die befriedigt werden sollen. Entweder weil sie zur Erhaltung des Organismus notwendig sind (z.B. Essen und Trinken) oder weil sie der Vermehrung dienen sollen (Sexualität). An dieser Theorie hielt er bis zum Schluss fest, verwarf aber seine erste Überzeugung, dass jeder Traum einen sexuellen Inhalt hat. Das Konzept der Bedürfnisbefriedigung bedeutete für Freud nicht zwingend, dass Vergnügen gesucht wurde, da eine Person genauso gut den unbewussten Wunsch nach Bestrafung hegen konnte. So oder so blieb die Theorie, dass verborgene Bedürfnisse durch das Träumen zum Ausdruck kamen, ein zentrales Element in der klassischen freudschen Psychoanalyse.

Freud sagte, "Träume sind nicht vergleichbar mit dem unregelmäßigen Ertönen eines musikalischen Instrumentes, das anstatt von der Hand des Spielers vom Stoß einer äußeren Gewalt getroffen wird, er ist nicht sinnlos, nicht absurd, setzt nicht voraus, dass ein Teil unseres Vorstellungsschatzes schläft, während ein anderer zu erwachen beginnt. Er ist ein vollgültiges psychisches Phänomen, und zwar eine Wunscherfüllung; er ist einzureihen in den Zusammenhang der uns verständlichen seelischen Aktionen des Wachens; eine hoch komplizierte intellektuelle Tätigkeit hat ihn aufgebaut."

Freud selbst litt an Angstanfällen. Dies war mitverantwortlich dafür, dass er mit damit begann, den Zusammenhang zwischen Ideenassoziationen und Träumen zu erforschen. Im Jahr 1897 schrieb er an seinen Freund Wilhelm Fliess:

"Es gärt und brodelt in mir, es wird nur ein neuer Schub abgewartet [....] Dagegen hat es mich gedrängt, mit der Bearbeitung des Traumes zu beginnen, wo ich mich sicher fühle und es auch nach deinem Urteil bedarf."

Wenn Freud seine Patienten offen über ihre Assoziationen bezüglich Ihrer Träume sprechen ließ, stellt er fest, dass sie dabei auch häufig hilfreiche Erkenntnisse gewannen. Je intensiver er sie dabei ihre Assoziationen vertiefen ließ, desto augenscheinlicher wurde die Aussage des Traumes. Die Gespräche ermöglichten, den Patienten außerdem, vergessene Erinnerungen wachzurufen.

Freud begann sich auch seine eigenen Träume und die Assoziationen, die sie hervorriefen, sehr detailliert zu notieren. Er war der erste Mensch, welcher Träume durch das Aufdecken und Beobachten von offenkundigen und verborgenen Assoziationen und Emotionen, die durch die Traumsymbolik wachgerufen wurden, so umfassend, bewusst und lückenlos erforschte.

Frühere Traumforschung hatte bereits festgestellt, dass der Traum mit persönlichen Angelegenheiten in Zusammenhang stand. Freud vertiefte diese Ergebnisse und erkannte wie eng die Träume mit der persönlichen Sexualität, Kindheitsträumen und der menschlichen Psyche zusammenhingen. In erster Linie tat er dies, um mit seiner eigenen Neurose zurecht zu kommen.

Indem er Träume zur Selbstanalyse nutzte, erkannte er, dass er sich dadurch an vergessene Gegebenheiten seiner Kindheit erinnerte. Dies löste bei Ihm Gefühle und Geisteszustände aus, welche er bis heute nie erfahren hatte. Er schrieb darüber: "Einige traurige Geheimnisse des Lebens konnten bis zu ihren tiefsten Wurzeln

zurück verfolgt werden. Die bescheidene
Entstehung von vielen wichtigen Elementen
wurden offengelegt."

Ohne diese einschneidenden persönlichen
Erfahrungen, während denen er Emotionen und
Fantasien aus seinem Unterbewusstsein erlebte,
hätte er nicht mit so großer Überzeugung an
seinen Theorien bezüglich Träumen und dem
Unterbewusstsein gearbeitet.

Wie viele seiner Theorien brachte er auch die
Traum-Theorien mit Sexualität in Verbindung.
Sein Grundgedanke war, das wir in Träumen
Fantasien und triebhafte Bedürfnisse befriedigen
können, welche die Gesellschaft nicht akzeptierte.
Dies war einer der Gründe dafür, dass er in der
damaligen Zeit großen Widerstand und Kritik
auslöste.

Als Freud noch jung war, ging man davon aus,
dass nur Männer starke sexuelle Bedürfnisse
hatten. Als er jedoch aufzeigte, dass Frauen
genauso von unterdrückten sexuellen
Bedürfnissen beeinflusst wurde, verursachte dies
einen großen Aufruhr. Während seiner Analyse
der Träume von Patientinnen stellte er außerdem
fest, dass dadurch verdrängte sexuelle Übergriffe
durch den Vater in der Kindheit der Frau enthüllt
werden konnten. Dennoch war sich Freud

unsicher, ob die Erinnerung an den tatsächlichen
Übergriff zurück kam, oder ob es eine
Reproduktion des Übergriffs durch die Psyche
war. Er kam jedoch zum Schluss, dass
neurotisches und hysterisches Verhalten oft auf
ein durch sexuelle Übergriffe verursachtes
Trauma zurückzuführen sei.

Wo kein Anzeichen für einen tatsächlichen
Missbrauch gefunden werden konnte, sah er die
Neurose als Folge eines anderen sexuellen
Konflikts oder ein Trauma anderen Ursprungs an.
Dieser Konflikt kam oft in Träumen zum
Ausdruck.

Seine Theorien wurden heftig kritisiert. Er wurde
von vielen seiner Studien- und Ärztekollegen,
teils sogar von Patienten zurückgewiesen.

Carl Jung über Träume

Jung studierte unter der Leitung von Sigmund Freud. Ihre unterschiedlichen Ansichten über das Träumen und dessen Interpretation führte jedoch dazu, dass beide ihre eigenen Wege gingen.

Wie auch Freud war Jung von der Existenz des Unterbewusstseins überzeugt. Er sah dieses jedoch nicht als triebhaft, instinktiv und sexuell geprägt, sondern als spirituell an. Träume waren für ihn ein Mittel zur Kommunikation mit unserem Unterbewusstsein und nicht dazu, unsere wahren Gefühle vor dem Bewusstsein zu verbergen. Sie dienten für ihn dazu, das Bewusstsein zu Ganzheit zu führen und uns zu Problemlösungen in unserem Leben zu verhelfen.

Jung sah das Ego als unser Selbstbewusstsein und ausschlaggebend dafür, wie wir uns in der Welt verhalten. Ein Teil von Jungs Theorie war, dass alles als gepaarte Gegensätze betrachtet werden kann (z.B. gut/böse, männlich/weiblich, Liebe/Hass). Und für ihn war das Gegenteil zum Ego der sogenannte "Schatten". Dieser steht für Seiten an uns, welche wir nicht annehmen wollen. Meist Eigenschaften, die wir für primitiv, unzivilisiert und eigenartig halten.

Er sagte: „Träume sind die Quelle all unseres Wissens über Symbolik." Dass heißt, dass alle Nachrichten, welche wir in unseren Träumen erhalten, mit Symbolen ausgedrückt werden. Diese müssen dann entsprechend interpretiert werden, damit man ihre wahre Bedeutung erkennt.

Jung sagte, dass die Traumsymbole selten nur eine Bedeutung haben. Deshalb empfiehlt er, sich bei der Interpretation der Träume auf seine Intuition zu verlassen. Den ersten Gedanken in Bezug auf das Traumsymbol sollte man dann weiter verfolgen, bevor man stärker rationell geprägte Methoden anwendet.

Edgar Cayce über Träume

Vielleicht einer der interessantesten Traumforscher war Edgar Cayce. Im Grunde war er ein Medium. Er war ein äußerst faszinierender Mensch, der schien, mit Toten sprechen zu können und Vorhersagen für die Zukunft machen konnte. Er hatte Zugang zu Übersinnlichem, der dem normalen Menschen verschlossen blieb.

Cayce hatte die Fähigkeit, sich eine geradezu unbeschränkte Menge an Wissen in unzähligen Fachgebieten anzueignen. Eines dieser Fachgebiete war das Träumen und dessen Deutung. Er hat die Menschen immer wieder damit erstaunt, wie präzise er ihre Träume interpretieren und ihnen so tiefen Einblick in ihre Psyche, ihre Lebenssituation und oft auch vergangene Leben gewähren konnte. So enthüllte er, dass Träume tatsächlich Ausflüge in die spirituelle Welt sind.

Edgar Cayce sagte einst: „ Träume, Visionen, Impressionen im Zustand des normalen Schlafes sind Darstellungen der nötigen Erfahrungen die wir zu unserem Wachstum benötigen, wenn wir diese auf das reale Leben beziehen."

Nach Cayce haben unsere Träume viele

Funktionen. Körperliche Träume können beispielsweise oftmals Lösungen zu körperlichen Beschwerden bieten. Wenn man seit Jahren an Magenbeschwerden leidet und man eines Tages von einer Kanne Kaffee träumt, kann es sein, dass diese Beschwerden verschwinden, wenn man das Kaffeetrinken aufgibt.

Er war auch der Überzeugung, dass uns verstorbene Freunde und Verwandte während dem Träumen besuchen können. Diese Ereignisse können direkte Gespräche mit diesen Menschen beinhalten oder uns die Möglichkeit geben, ihnen unsere Gefühle über ihren Tod oder Ungesagtes mitzuteilen. Auch kann die Person uns gegenüber unbekannte Seiten an sich offenbaren und so Antworten auf ungeklärte Fragen liefern.

Während der Traumphase im Schlaf erfahren wir unterschiedliche Tiefe von Bewusstsein und erhalten Input aus unterschiedlichen spirituellen Ebenen. So finden wir auch Zugang zu unserer eigenen Spiritualität. Gemäß den Schriften von Cayce gibt es keine Fragen, die wir stellen könnten, welche nicht tief in unserem Unterbewusstsein beantwortet werden, wenn wir uns richtig darauf einstimmen.

Ein Traum kann nach ihm von physischer, mentaler oder spiritueller Natur sein und kann verschiedenste psychologische Erscheinungsformen zum Inhalt haben. Dies kann Telepathie, Hellsehen, prophezeiende Visionen, außerkörperliche Reisen, Erinnerungen an frühere Leben, Kommunikation mit Wesen anderer Welten, wie Engel, verstorbenen, Geistführern oder sogar Gott sein.

Cayce sah keine Dimension des menschlichen Lebens wie finanzielle Themen, Zwischenmenschliches, Emotionales, Körperliches, welche nicht gelegentlich in Träumen vorkam. Der Input den wir erhalten kann ermutigen oder deprimieren, uns anleiten oder irreführen, inspirieren oder verleiten, uns führen oder verwirren. Es ist jedoch immer Potential vorhanden, viel in unser Bewusstsein zu übernehmen. Wie viel brauchbaren Input wir erhalten, hängt stark von unserer Einstellung, unserer Motivation, dem Grad unserer Bewusstheit und davon ab, wie viel dessen, was wir aus früheren Träumen mitgenommen haben, bereits anwenden.

Arten von Träumen

Die Welt der Träume ist ein eigenartiger aber faszinierender Ort! Es gibt unterschiedlichste

Arten von Träumen. Wir wollen hier auf diese eingehen.

Tagträume

Studien zufolge hat der Durchschnittsmensch täglich während 70 – 120 Minuten Tagträume. Diese werden als eine Stufe zwischen Wachheit und Schlaf gewertet. Wenn wir wach sind, uns unsere Vorstellungskraft aber entführt, haben wir uns in einem Tagtraum verloren. Unsere Gedanken wandern umher und unsere Konzentration fällt ab. Wir befinden und ganz in unserer vorgestellten Szenerie und Fantasie.

Luzide Träume

Luzide Träume sind Träume, in denen man realisiert, dass man träumt. „Moment, dies ist nur ein Traum!" Sagen sich die meisten, wenn sie sich in einem luziden Traum wiederfinden. Dann wachen sie auf. Andere haben die Fähigkeit des luziden Träumens jedoch bewusst entwickelt und ausgebaut. So können sie aktiv in ihren eigenen

Träumen teilnehmen, Entscheidungen treffen und die Handlung beeinflussen ohne dabei aufzuwachen.

Albträume

Ein Albtraum ist ein böser Traum, der dazu führt, dass der Träumende verstört, voller Angst und nicht selten schweißgebadet aufwacht.

Albträume können entstehen, wenn wir eine bestimmte Lebenssituation nicht akzeptieren. Die Forschung zeigt, dass die meisten Menschen, welche regelmäßig Albträume haben, auf eine schwierige Familiengeschichte mit psychischen Problemen, Drogenproblemen, zerrütteten Beziehungen oder sogar Familienmitgliedern die Selbstmord begingen, zurück blicken.

Sie können auch die Folge von einem Trauma sein. Beispielsweise einer Posttraumatischen Belastungsstörung (PTBS). Wiederkehrende Albträume, die nach einem Trauma auftreten enthalten oft Symbolik, die das ursprüngliche Trauma widerspiegelt.

Traumatische Albträume sollten psychologisch behandelt werden. Es ist nicht ausreichend, zu wissen, weshalb der Traum immer wiederkehrt und was er bedeutet. Ein traumatisches Ereignis bringt Dein Leben und Dein Ich-Gefühl unter Umständen völlig durcheinander.

Auch wenn sie nicht traumatischer Natur sind, deuten regelmäßige Albträume auf eine Angst hin, mit welcher man sich ernsthaft auseinandersetzen sollte. Unser Unterbewusstsein verschafft sich so Gehör.

Bereits Kinder können sehr anfällig für Albträume sein. Insbesondere im Alter zwischen 3 und 8 Jahren. Unsere emotionale Entwicklung kommt in diesem Alter an einen Punkt, an dem sie mit primitiven Emotionen wie Wut und Aggression klar kommen muss.

Menschen mit Angststörungen können eine sogenannte „Nachtangst" erleben. Diese ist im Grunde eine Panikattacke, die während des Schlafes auftritt.

Es ist oft schwierig, sich an solche Träume zu erinnern, da sie häufig beängstigende Bilder mit sich bringen, die wir so schnell wie möglich wieder vergessen wollen.

Psychologisch gesehen sind Albträume graphische Abbildungen von rohen, primitiven Emotionen wie Aggressionen und Wut, die noch nicht vom bewussten Verstand wahrgenommen wurden. So begegnen wir diesen „hässlichen" Aspekten unseres Unterbewusstseins im Schlaf in Form von angsteinflößenden Bildern.

Edgar Cayce ging davon aus, dass Albträume auch einen physiologischen Hintergrund haben können. Er war der Überzeugung, dass Albträume ein Hinweis auf falsche Ernährung sein können.

Im Folgenden unterbreiten wir Dir ein Hilfsmittel, das dabei helfen kann, sich von wiederkehrenden Albträumen zu befreien. Der Gedanke dieses Hilfsmittels ist, dieses jede Nacht einzusetzen, bis der Albtraum dauerhaft aufhört.

1. Schreibe den Albtraum detailliert auf. Erzähle die ganze Geschichte. Es spielt keine Rolle, wie angstauslösend diese ist, schreibe jedes Detail auf, an das Du Dich erinnerst.

2. Erfinde einen neuen Schluss zu Deinem Albtraum und schrieb diesen auf. Achte darauf, dass neue Ende sehr friedlich zu gestalten. Denke daran, dass der Albtraum aus rohen Emotionen, die durch

ein Trauma hervorgerufen wurden, entstanden ist. Der Sinn des neuen Schlusses ist es, diese Emotionen zu beruhigen.

3. Gehe diesen neuen Schluss jeden Abend so kurz wie möglich vor dem Einschlafen genau durch. Es sollte keine anderen Aktivitäten zwischen dem Einschlafen und dem Einstudieren des Schlusses liegen, außer Folgende:

4. Absolviere eine Entspannungsübung welche für Dich gut funktioniert. Dies kann eine Meditation, Yoga oder eine Atemübung sein. Was immer Dir beliebt. Führe diese unmittelbar nach der „Probe" des neuen Schlusses durch.

Wiederkehrende Träume

Wiederkehrende Träume kommen in verschiedenen Variationen immer wieder vor. Sie können positiv sein, aber in aller Regel haben sie einen albtraumartigen Inhalt. Träume können immer wieder kommen, wenn das ihnen zu Grunde liegende Problem nicht gelöst oder ignoriert wird. Wenn man die Bedeutung des Traumes erkannt und die Erkenntnis umgesetzt hat, wird der Traum verschwinden.

Heilende Träume

Heilende Träume dienen als Nachrichten für den Träumenden in Bezug auf Ihre Gesundheit. Traumexperten gehen davon aus, dass Träume uns dabei helfen können, gesundheitlichen Problemen vorzubeugen und uns zu heilen, wenn wir krank sind. Unser Körper hat die Fähigkeit, durch Träume mit uns zu kommunizieren und anzuzeigen, dass etwas nicht in Ordnung ist. Dies, lange bevor Symptome auftreten. So ist es oft ratsam, nach spezifischen Träumen einen Arzt oder Zahnarzt aufzusuchen.

Prophezeiende Träume

Prophezeiende Träume scheinen die Zukunft vorauszusagen. Eine Theorie, welche dieses Phänomen versucht zu erklären ist diese, dass unser Verstand im Traum die Fähigkeit hat, kleine Teile von Informationen und Beobachtungen zusammenzusetzen, die wir im Wachzustand übersehen. So hat unser Unterbewusstsein einen Vorsprung auf unseren Versand und sieht eher, was auf uns zukommen könnte.

Signalisierende Träume

Signalisierende Träume helfen uns Probleme zu lösen oder Entscheidungen zu treffen.

Epische Träume

Epische Träume sind so unglaublich, überwältigend und lebendig, dass man diese nicht ignorieren kann. Diese Träume bleiben uns für Jahre in solch klarer Erinnerung als seien sie gestern gewesen. Diese Träume sind oft unbeschreiblich schön und beinhalten archetypische Symbolik. Beim Aufwachen aus einem derartigen Traum ist man sich bewusst, etwas ganz Außergewöhnliches über sich selbst oder die Welt erfahren zu haben. Es fühlt sich an wie ein großes Ereignis, welches Dein Leben verändern wird.

Beunruhigende Träume

Beunruhigende Träume sind nicht mit Albträumen zu verwechseln. Sie lösen bei Dir jedoch sicherlich Fragen aus, was Dein Unterbewusstsein Dir nur zu sagen versucht.

Die Träume sind in aller Regel als ein Ratschlag zu deuten. Möglicherweise betrügst Du Dich mit etwas selbst, vergisst etwas Wichtiges oder schöpfst Dein Potential nicht aus.

Beispielsweise können Menschen während einem Karrierewechsel davon träumen in der Schule zu sein und das Klassenzimmer nicht zu finden. Oder sie finden sich an einer Abschlussprüfung wieder, wenn ihnen einfällt, dass sie das ganze Jahr über vergessen haben, am Unterricht teilzunehmen. Das Gefühl von Panik, das dann auftreten kann, hängt mit dem aktuellen Gefühl zusammen, dass der Karrierewechsel mit sich bringt.

Der Traum kann auch eine Mahnung aufgrund eines Schuldgefühls sein. Wenn Du beispielsweise Deinen Arbeitgeber bestiehlst können plötzlich Träume auftreten, in denen in Dein Haus eingebrochen wird.

Träume können auch lediglich eine Schilderung dessen sein, was wir anderen an Verletzung zufügen. Oft ist das der Fall in Träumen von Kindern. Wenn diese wütend auf ihre Eltern sind, dies aufgrund mangelnder kognitiver Fähigkeiten aber noch nicht ausdrücken können. So wendet sich die Wut im Traum gegen das Kind selbst.

Der Traum kann auch eine Vorahnung bezüglich eines bevorstehenden Ereignisses sein. Dies ist aber sehr selten und passiert nur sehr wenigen Menschen.

Wenn Du in einem beunruhigenden Traum wirklich keine brauchbaren Hinweise findest, solltest Du ihn einfach ignorieren. Oft sind sie sehr kompliziert. Auf keinen Fall solltest Du Dich bis ins wahre Leben von ihnen beunruhigen lassen.

Warum träumen wir ?

Du magst Dich fragen, was in unserem Gehirn
vorgeht, während wir träumen. Das Gehirn wird
den ganzen Tag über von verschiedensten
Einflüssen stimuliert. Es erhält viel zu viele
Eindrücke, um diese alle verarbeiten zu können.
So werden diese Eindrücke priorisiert und nur
diese, welche unmittelbare Handlung erfordern,
gelangen in Dein Bewusstsein (z.B. das
schreiende Baby, der Fußgänger, der den
Zebrastreifen betritt, ein Auftrag des Chefs).

Die Einflüsse, welche nicht direkt ins
Bewusstsein gelangen, werden dennoch auf einer
unbewussten Ebene aufgenommen (z.B. der
tropfende Wasserhahn, eine Bemerkung eines
Mitarbeiters während Du am Telefon warst).

Außerdem wirst Du den ganzen Tag über mit
Emotionen konfrontiert. Einige von diesen
nimmst Du an und reagierst darauf (z.B. lächelst
und bedankst Dich, wenn Du ein Kompliment
erhältst.) Die meisten davon unterdrückst Du
jedoch zuerst (z.B. schlägst Du Deinen Chef nicht
ins Gesicht, wenn er Dir erzählt, dass der Report,
an dem Du die ganze letzte Woche gearbeitet
hast, nicht mehr benötigt wird).

Es gibt auch traumatische Ereignisse, denen Du gegenübertrittst (z.B. rufst Du die Polizei). Jedoch auch solche, die zu schmerzhaft sind und die Du deshalb verdrängst und so tief im Unterbewusstsein verstaust.

Zusätzlich zu all diesen Berieselungen, denen Dein Gehirn täglich ausgesetzt ist, hält es Deine Körperfunktionen in Gang. Es steuert die Atmung, die Muskelfunktionen, die Funktion der Organe und erinnert sich an Fakten, Namen und Gesichter, welche Du abrufst.

Dein Gehirn hat also einiges zu tun. Nachts, wenn der Körper dann schläft und sich erholt, arbeitet das Gehirn weiter. Wenn es keine Briefe mehr schreiben und Lebensmittel mehr einkaufen muss, beginnt es damit, all die anderen Einflüsse zu verarbeiten.

Dieses Verarbeiten geschieht, während wir schlafen. Da Du nicht wach bist und nicht bewusst sehen, fühlen oder riechen kannst, muss das Gehirn andere Möglichkeiten suchen, um die Informationen zurück ins Bewusstsein zu holen: Durch Träume.

Dies ist grundsätzlich ein sehr intelligentes System. Wenn Du Dich jedoch nicht an Deine Träume erinnerst und den Sinn darin suchst, lässt Du unzählige Möglichkeiten aus, mehr über Dich selbst zu erfahren und über das Leben zu lernen.

Warum sollte man sich an Träume erinnern?

Wir haben es vorhin kurz erwähnt, aber da es sehr wichtig ist, gehen wir hier nochmals vertieft darauf ein.

Dein träumender Verstand hat Zugang zu Informationen, die im Wachzustand nicht zugänglich sind. In Deinen Träumen widerspiegeln sich verborgene Wünsche und unbewusste Gefühle. Wenn Du Dich also an die Träume erinnerst, wirst Du Hinweise auf eben diese finden. Sich damit auseinanderzusetzen führt zu einem besseren Selbstverständnis und Selbstheilung. Es ist eine Quelle von Inspiration, Weisheit und Freude.

Du musst nicht zwingend Deine Träume deuten, um Deine Probleme zu lösen. Aber ganz nach der Redensart „Der Tod kuriert das Rauchen", kann Dir das Traumdeuten dabei helfen, Deine Probleme zu lösen, bevor es zu spät ist oder sie Dir über den Kopf wachsen.

Träume sind immer „wahr" — nur wollen sie uns

oft nicht das sagen, was wir auf den ersten Blick verstehen. Die Handlungen werden oft in Metaphern dargestellt und sind nicht wörtlich zu verstehen. Wenn eine Frau beispielsweise träumt, dass Ihr Mann eine außereheliche Affäre hat, wäre es falsch, dies tatsächlich so zu glauben. Es kann viel mehr ein Zeichen dafür sein, dass sie sich von Ihrem Ehemann betrogen fühlt. Nicht zwingend auf sexueller Ebene. Wenn sie dieses Gefühl erkennt, kann sie sich bewusst damit auseinandersetzen und sich fragen, woher es kommt und die Ursache für sich oder zusammen mit ihrem Mann bereinigen.

In erster Linie wollen uns Träume immer etwas sagen: „Wach auf!" Wie Du aus einem Traum aufwachen musst, um Dich bewusst damit auseinandersetzen zu können, sagt Dir der Traum: „Wach auf und erkenne die Wahrheit, die Du vor Dir und anderen verbergen willst."

Wie es bei allem eine gute und schlechte Seite gibt, ist dies auch beim Traumdeuten so. Es kann sein, dass Du dabei auf Seiten an Dir stoßen kannst, die Du verabscheust, oder die Dir Angst machen. Es kann sein, dass Du feststellst, dass Du nicht (immer) Mr. oder Mrs. Perfect bist, wie Du es tagsüber lebst. Du kannst auch erkennen, dass Deine Kindheit nicht nur aus Eis, Rollschuh laufen und Vergnügungsparks bestand. Es wird plötzlich Licht in dunkle Ecken geworfen und lange unterdrückte Gefühle kommen an die Oberfläche. Dies kann sehr beängstigend sein.

Das Positive dabei ist jedoch, dass Du wirklich durch eine Metamorphose und eine seelische Läuterung gehen kannst um endlich DU SELBST zu werden. Das DU, für das zu sein Du auf die Welt gekommen bist. So wirst Du alles in allem echter und deshalb auch glücklicher.

Zu lernen, Dich an Träume zu erinnern, wird Dir helfen, kreativer und selbstbestimmter zu werden. Weil Du so Deine Gefühle an die Oberfläche lässt und Dich mit ihnen auseinandersetzt und auch Negativität Raum gibst, werden stressige Aspekte Deines Lebens nicht mehr unterdrückt, sondern verarbeitet.

Das ist oft einfacher gesagt als getan. Fünf Minuten nach Ende des Traumes haben wir die Hälfte bereits wieder vergessen. Nach zehn Minuten bereits 90 %. Wenn man direkt nach der REM-Phase aufwacht, kann man sich besser an die Träume erinnern, als wenn man die ganze Nacht durchschläft.

Besser an Träume erinnern

Es ist logisch, dass nur Träume gedeutet werden können, an die man sich erinnert. Wie kann man sich also besser daran erinnern?

Es ist empfehlenswert, ein Traum-Journal zu führen. Ein Notizbuch, das mit einem Stift gleich auf dem Nachttisch platziert wird. Direkt nach dem Aufwachen werden darin die Träume notiert.

Es ist wichtig, diese wirklich direkt nach dem Aufwachen zu notieren. Alles woran Du Dich erinnerst, wirklich jedes Detail, auch wenn es zuerst keinen Sinn zu machen scheint. Oftmals sind die Elemente, welche keinen Sinn machen oder nicht zur Handlung passen, die wertvollsten. Jedes kleinste Detail sollte später in die Analyse des Traumes mit einbezogen werden.

Studiere genau die vorkommenden Charaktere, Tiere, Gegenstände, Orte, Emotionen, Farben und sogar Zahlen.

Frage Dich: „Woran erinnert mich das?" Schreibe dann den ersten Gedanken, den Du hast, auf. Sehr wahrscheinlich ist dies die Situation in Deinem Leben, die durch den Traum symbolisiert wurde. Wie fühlst Du Dich, wenn Du an diese Situation in Deinem Leben denkst? Wenn dieses Gefühl ähnlich ist, wie das im Traum, bist Du sicher auf dem richtigen Weg.

Meist gibt es mehr als eine Handlung in einem Traum, die parallel verläuft. Das heißt, dass es auch mehrere Botschaften gibt, welche Dir Dein Unterbewusstsein mitteilen möchte. Schreibe deshalb möglichst beide Handlungen auf und trenne sie von einander.

Denke daran, dass wir pro Nacht zwischen vier und sieben Träumen haben. Wenn Du also aus einem Traum erwachst, schreibe ihn sofort auf. Wenn Du Dich umdrehst und weiter schläfst, wirst Du Dich am Morgen niemals mehr daran erinnern. Schreibe im Mindesten Stichworte dazu auf, die Dir helfen, Dich an die Handlung zu erinnern. Führe den Traum anhand dieser am Morgen dann detaillierter aus.

Nimm Dir jeden Abend, bevor Du einschläfst bewusst vor: „Ich werde mich an meine Träume erinnern." Sage dies einige Male und wirklich jeden Abend. Dein Unterbewusstsein wird sich daran erinnern. Wenn Du Antworten auf bestimmte Fragen suchst, kannst Du auch Dein höheres Selbst darum bitten, Dir im Traum Antworten darauf zu liefern.

Traue Deinen Instinkten. Wenn Dir etwas wichtig erscheint, ist es das wahrscheinlich auch. Lass

Dich nicht von Deinem logischen Denken verwirren, das nichts mit dem erhaltenen Impuls anfangen kann. Schreibe diesen auf und gehe ihm dann nach.

Träume deuten

Wenn Du Deine Träume auf Papier hast, dann geht es an die Deutung. Und diese kann großen Spaß machen und wie bereits erwähnt, wertvolle Erkenntnisse liefern. Träume sind wie verschlüsselte Nachrichten Deines Unterbewusstseins. Wenn Du diese entschlüsselst, erhältst Du Zugang zu einer Menge intuitivem Wissen.

Niemand ist besser darin, Deine Träume zu interpretieren als Du selbst. Es gibt viele Traumlexika auf dem Markt und online, welche Traumsymbole und ihre Bedeutung beschreiben. Jedoch kann der gleiche Traum viele verschiedene Bedeutungen haben, je nachdem wer ihn geträumt hat. Deshalb ist es wichtig, was der jeweilige Traum für DICH bedeutet.

Traumdeutung ist nicht etwas, das Du über Nacht lernen kannst. Es braucht gewisse Zeit und vor allem Übung. Bedenke als Erstes die folgenden

Punkte:

- Träume sind Reaktionen auf die Ereignisse des Tages. Setze Sie deshalb in Kontext zu Deinem aktuellen Leben. Oftmals zeigen Sie den Weg aus einem Dilemma. Prospektiv oder auch retrospektiv.

- Beobachte wiederkehrende Träume wachsam. Wenn Du Dich mit dem Thema, welches Ihnen zu Grunde liegt auseinandersetzt und es zu lösen beginnst, zeigen Dir die Träume wiederum, ob Du auf dem richtigen Weg bist und Fortschritte machst.

- Gehe die Interpretation sehr praktisch an. Suche immer nach einer Lektion, die Du lernen kannst. Was hast Du bis jetzt nicht angenommen und verdrängt?

- Träume sind ein wichtiges Werkzeug zur Verarbeitung von täglichen Einflüssen. Sie sollen uns in erster Linie eine Hilfe sein und dienen nicht nur der Unterhaltung. Dieses Werkzeug solltest Du nutzen.

Achte auf Hinweise aus früheren Leben in Deinen

Träumen. Diese äußern sich oft im realen Erscheinungsbild der damaligen Zeitperiode (z.B. Kleidung, Verkehrsmittel, Gebäude). Sie warnen einen häufig davor, die gleichen Fehler wie in früheren Leben wieder zu begehen. Sie erklären Beziehungen zu Menschen in unserem derzeitigen Leben und unsere Reaktionen auf bestimmte Dinge und Orte. So können sie zur Klärung von Verwirrung beitragen und helfen Dir, Dein jetziges Leben besser zu verstehen.

Träume, die über Jahre hinweg immer die gleichen sind, zeigen die Weigerung des Träumenden auf, nötige Veränderungen anzugehen.

Die Schwierigkeit, die die meisten Menschen mit der Deutung ihrer Träume haben ist, dass sie nicht objektiv genug sind. Die Vertrautheit, welche die Person mit den Menschen und Orten haben, die in den Träumen vorkommen, verschleiern den wirklichen Sinn des Traumes. Experten haben die „ICH BIN und ICH BRAUCHE-Formel" entwickelt, um dieses Dilemma zu überwinden. Und so funktioniert sie:

Wenn Du Deinen Traum aufgeschrieben hast, nimm zwei verschieden farbige Stifte zur Hand. Mit einer Farbe unterstreiche alle negativen Wörter oder Sätze, welche z. B. Einschränkung,

Verachtung, Verdrängung, Neid oder Schaden beinhalten. Mit der anderen Farbe unterstreichen alle positiven Wörter oder Sätze. Danach machst Du zwei verschiedene Listen. Schreibe alles Negative in die Liste mit dem Titel „ICH BIN". Das Positive in die Liste mit dem Titel „ICH BRAUCHE". Nun bist Du fast bereit zur Deutung Deines Traumes.

Bestimme nun das Thema Deines Traumes. Der Ort, an dem der Traum stattfindet ist einer der besten Indikatoren dazu. Wenn das Thema bestimmt ist, nimm alle Wörter und Sätze in der „ICH BIN-Liste" und setze diese in den folgenden Satz ein:

Wenn es um (mein Thema) geht BIN ICH (mein Satz oder Wort).

Du kannst Deinen Satz oder Dein Wort auch etwas anpassen, damit obiger Satz auch wirklich Sinn macht. Falls Du das eigentliche Thema im Traum nicht finden kannst, gehe einfach von Deiner Person als Ganzes aus und beziehe die Negativität aus dem Traum auf Dich selbst. Versuche aber wenn möglich, dass Thema zu finden, um das es geht, höre dazu einfach auf Deinen Instinkt. Diese Übung zeigt Dir, wie Du bezüglich des Themas fühlst und darauf reagierst.

Wenn Du dies gemacht hast, lese die „ICH

BRAUCHE-Liste" durch. Diese zeigt Dir, was Du tun musst, um das Problem zu lösen. Dazu setze Deine Sätze und Wörter in folgenden Satz ein:

Wenn es um (mein Thema) geht BRAUCHE ICH (mein Satz oder Wort).

Auch hier kannst Du natürlich Anpassungen vornehmen, damit der Satz dann auch Sinn macht. Wir schauen hier ein Beispiel an: „Die tote Frau lag auf dem kalten, harten Untergrund." Die negativen Worte sind hier tot, kalt und hart. Frauen verkörpern in Träumen oft Emotionen. Also gehen wir hier einmal vom Thema Emotionen aus. So könnten die Sätze folgendermaßen aussehen:

Wenn es um meine Emotionen geht, bin ich tot.

Wenn es um meine Emotionen geht, bin ich kalt.

Wenn es um meine Emotionen geht, bin ich hart.

Hier ist der Sinn offensichtlich. In diesem Fall ist schon nur die Analyse eines Satzes aus dem Traum sehr aufschlussreich.

Wenn Du diese Technik anwendest, hast Du

bereits die Grundlage zur Deutung Deiner Träume. Nun ist es wichtig, Übung darin zu gewinnen. Nimm Dir Zeit, möglichst viele Deiner Träume so zu analysieren und sei geduldig, wenn Du nicht gleich zu Beginn tiefe Erkenntnisse gewinnst. Es ist noch kein Meister vom Himmel gefallen.

Es kann für einige Träume schwierig sein, diese Technik anzuwenden. Das spannende an ihnen ist ja, dass sie sich nicht in ein "Schema X" pressen lassen. So oder so wird es Dir jedoch helfen, mit dieser objektiven Denkweise an die Analyse des Traumes heranzugehen. Auch wenn Du die Technik nicht 1:1 umsetzen kannst. Du wirst so einfacher erkennen können, wie Du den Traum für Deinen Alltag nutzen kannst.

Denke daran, dass die meisten Träume NICHT prophezeiender Natur sind. Wer den feinen Unterschied zwischen normalen Träumen, deren Handlung auf die Zukunft bezogen werden kann, und wirklich prophezeienden Träumen erkennen lernt, kann die Träume auch viel besser einordnen und so auch seine Gedanken beruhigen.

Dazu sollte sich jeder mit der typischen Traumsymbolik vertraut machen. Beispielsweise symbolisiert der Tod das Ende von etwas, das bereit ist, verändert zu werden und so den Anfang von etwas Neuem. Der Mensch reagiert stets mit Widerstand auf Veränderungen und reagiert oft ängstlich darauf. So sind diese Träume rund um den Tod schon deshalb oft negativ geprägt. Sie haben jedoch im Allgemeinen tatsächlich Veränderung zum Thema.

Häufige Trauminhalte

Traumsymbole und ihre Bedeutung sind der spannendste Teil der Traumdeutung. Es gibt Tausende davon. Wir können hier nicht alle abhandeln aber wollen auf die häufigsten und wichtigsten eingehen.

Wichtig ist immer, die Traumsymbole in den Kontext des Traumes, in dem sie vorkommen, zu setzen. Wenn sie einzeln betrachtet werden, können sie leicht missverstanden werden und für Verwirrung sorgen. Die unzähligen Symbole können sehr unterschiedliche Bedeutungen haben, und je nachdem, was der Traum beinhaltet unterschiedlich zu verstehen sein. Man sollte also nicht die erstbeste Bedeutung als gegeben ansehen. Eher mehrere Möglichkeiten objektiv betrachten und dann seiner Intuition folgen. So kommt man auf die richtige Spur.

Du kannst es so anschauen: Ein Traum ist wie ein Puzzle. Es gibt einige Puzzleteile, die schnell zusammengefügt sind da sie ganz offensichtlich zusammen gehören. Das Puzzle ist jedoch nicht komplett, bis alle Teile zu einem großen Ganzen zusammengesetzt sind.

Versuche also nicht, einen Traum stückchenweise zu deuten. Man muss diesen als Ganzes analysieren oder man erhält mit Wahrscheinlichkeit eine falsche oder unvollständige Aussage.

Schauen wir uns hier einige Traumsymbole an:

Zähne die ausfallen

Dies ist wahrscheinlich eines der häufigsten Traumbilder, das Menschen haben. Es ist unangenehm, man verbindet es mit Schmerz und man fühlt sich dadurch unattraktiv. Im Traum verkörpert dieses Sinnbild gewöhnlich, dass der Träumende Probleme hat, sich Gehör zu verschaffen oder verstanden zu werden.

Das kann sich auf die Beziehung mit einer bestimmten Person, jemand nahestehendem, dem Vorgesetzten oder dem Partner beziehen. Schüchterne Menschen können es allgemein darauf beziehen, dass sie Schwierigkeiten haben, mit anderen in Kontakt zu kommen.

Der Traum gibt zu verstehen, dass man seine kommunikativen Fähigkeiten verbessern, den Glauben an die eigene Meinung stärken und diese überzeugter vertreten sollte. In die gleiche Richtung geht der Hinweis, dass man sich nicht von energischen Personen einschüchtern lassen soll, sondern zu lernen, sich emotional abzugrenzen und ihnen selbstbewusst gegenüber zutreten. Wenn dies gelingt, wird sich der Traum (typischerweise wiederkehrend) abschwächen oder ganz verschwinden.

Eine weitere Theorie über ausfallende Zähne ist, dass man sich zu sehr um sein Aussehen sorgt und darum, wie man auf andere Menschen wirkt. Trauriger weise leben wir in einer Welt, in der junges, attraktives Aussehen als sehr wichtig angesehen wird. Schöne Zähne spielen eine wichtige Rolle darin, dieses Image zu unterstreichen. Der Wunsch, attraktiv auf andere zu wirken ist natürlich, und ein einem gewissen Masse gesund. Von der Warte aus gesehen kann der Traum von der Angst vor dem Älterwerden oder sexuellem Versagen herrühren oder er kann signalisieren dass wir uns bezüglich unseres Erscheinungsbildes zu stark unter Druck setzen.

Auch kulturelle Interpretationen gibt es zu diesem Traumsymbol. Das Biblische Gleichnis für schlechte oder ausfallende Zähne ist, dass Du mehr darauf vertraust, was die Menschen sagen, als auf Gottes Wort. Die Bibel sagt, dass Gott im Traum zu uns spricht um Hochmut von uns fern zu halten, uns vor der Hölle zu bewahren, unseren Geist zu öffnen (spirituell), uns zu führen und zu korrigieren.

Die griechische Kultur glaubt daran, dass der Traum von verfaulten, fehlenden oder losen Zähnen signalisiert, dass jemand Nahestehendes schwer krank oder dem Tode nahe ist.

Die Chinesen dachten, dass einem die Zähne ausfallen, wenn man lügt.

Abergläubische Menschen halten dieses Traumsymbol für ein Zeichen für kommenden Geldsegen. Dies kommt vom der alten Geschichte der Zahn-Fee. Diese besagt, dass man einen ausgefallenen Zahn unter das Kopfkissen legen soll. Nachts kommt dann die Zahn-Fee und bringt Geld.

Fliegen

Träume, in denen man fliegen kann, bedeuten Losgelöstheit vom physischen Körper. Während des Traumes steuern wir unseren physischen Körper nicht mehr bewusst, unsere Wahrnehmung konzentriert sich auf die mentale und spirituelle Ebene. Fliegen ist meist das Erste, das Menschen tun, wenn sie Kontrolle über ihre Träume gewinnen und luzides Träumen beginnen.

Die Menschheit hat seit jeher den Wunsch danach, zu fliegen. Menschen mit akuter Flugangst können davon ausgenommen sein. Im Traum können Sie möglicherweise das Fliegen dennoch genießen. Fliegen bedeutet für uns Freiheit, eine kurze Flucht aus der Begrenztheit unseres physischen Daseins, eine mentale Reise mit unbeschränkten Möglichkeiten.

Auch hier setze zur Deutung Deines Traumes das Fliegen in Kontext zum ganzen Traum. Was hast Du im Traum erlebt, außer zu fliegen? Wie hast Du Dich dabei gefühlt? Bist Du mit einem Flugzeug, einem Fallschirm oder ganz ohne Hilfsmittel geflogen? Letzteres symbolisiert spirituelle Bewusstheit.

Fliegen im Traum gehört häufig in die Kategorie

des luziden Träumens, bei dem man sich bewusst ist, dass man träumt. Dabei gibt es unterschiedliche Ausprägungen. Meist wird die Erfahrung als berauschend, freudvoll und befreiend wahrgenommen.

Wenn Du mühelos und genussvoll über die Landschaft unter Dir fliegst, symbolisiert dies, dass Du eine Situation unter Kontrolle hast, über etwas hinaus gewachsen bist oder eine neue Perspektive zu etwas eingenommen hast. Flugträume und die Fähigkeit, diesen Flug zu kontrollieren steht für die Selbstwahrnehmung Deiner Kraft.

Schwierigkeiten im Flug zeigen fehlende Kraft zur Kontrolle Deiner Lebensumstände an. Du kannst Probleme haben, in die Richtung zu fliegen, die Du möchtest oder überhaupt in der Luft zu bleiben. Vielleicht wird Dein Flug durch Hindernisse wie Bäume oder Berge erschwert. Diese Hindernisse repräsentieren eine Hürde, die Du im wahren Leben nehmen musst. Du musst hier also herausfinden, was dies ist.

Wenn Du beim Fliegen Angst oder das Gefühl hast, zu hoch zu fliegen, zeigt dies an, dass Du Dich vor Erfolg und Herausforderungen fürchtest.

In der Realität können wir nicht fliegen. Im Geiste können wir jedoch alles tun, alles sein, alles haben. Ein Flugtraum kann auch als Symbol für Deinen starken Geist und Willen ausgelegt werden. Du fühlst Dich unschlagbar und keiner kann Dir sagen, was Du kannst oder nicht kannst.

Fast in jedem Fall lässt ein Flugtraum ein Gefühl von unbeschreiblicher Freiheit zurück.

In einen Tornado geraten

Dieses Symbol steht dafür, emotional durcheinander zu sein, wie in einem „Wirbelwind der Emotionen". Es kann auch plötzliche Veränderungen in Deinem Leben symbolisieren. Wenn Du diesen Traum hast, solltest Du versuchen, Halt zu finden und die Kontrolle über das Element Deines Lebens zu gewinnen, welches die Turbulenzen verursacht. Meditation und bewusste Zeit für Dich selbst können Dir dabei helfen.

Nackt sein

Häufig träumt man, dass man ganz oder teilweise nackt ist. Oft auch in der Öffentlichkeit. Dies kann verschiedene Hintergründe haben, abhängig davon, wie Deine derzeitige Lebenssituation ist.

Falls Du Dich schämst, wenn Du Deine Nacktheit realisierst, kann dies Deine Verletzlichkeit und Unsicherheit symbolisieren. Vielleicht verbirgst Du etwas und hast Angst, dass es entdeckt wird. Metaphorisch steht Kleidung dafür, etwas zu verbergen. Wenn Du Kleidung trägst, musst Du Deine Identität nicht offen zeigen oder kannst Dich sogar als jemand anderes verkleiden. Ohne diese bist Du jedoch mit all Deinen Facetten für andere „durchschaubar". Du bleibst ohne jeden Schutz in der Welt zurück.

Der Traum kann Dir sagen, dass Du versuchst, jemand zu sein der Du nicht bist. Oder dass Du Angst davor hast, ausgelacht oder verspottet zu werden. Wenn Du Dich in einer neuen Beziehung befindest, fürchtest Du Dich möglicherweise davor, Deine wahren Gefühle zu zeigen.

Nacktheit symbolisiert auch, überrascht zu werden. Wenn Du Dich nackt bei der Arbeit oder im Klassenzimmer wiederfindest, bedeutet dies, dass Du nicht für ein Projekt bei der Arbeit oder in der Schule vorbereitet bist. Du hast nicht das Wissen, eine richtige Entscheidung treffen zu können. Wenn alle Augen auf Dich gerichtet sind, fürchtest Du, dass alle in Dich hinein sehen können und dass Du als Schwindler und als inkompetent entlarvt werden könntest.

Erstaunlicherweise scheint oftmals niemand zu bemerken, dass Du nackt bist. Alle anderen gehen ganz normal ihren Tätigkeiten nach, ohne Deiner Nacktheit Aufmerksamkeit zu schenken. Dies zeigt Dir, dass Deine Angst unbegründet ist. Außer Dir nimmt niemand wahr, wovor Du Angst hast. Wahrscheinlich machst Du selbst aus einer Mücke einen Elefanten und steigerst Dich in die Angst hinein. Der Traum kann Dich in diesem Zusammenhang auch auf Deinen Wunsch (oder Dein Versagen darin), bemerkt zu werden, hinweisen.

Wenn Du in Deinem Traum stolz darauf bist, nackt zu sein und keinerlei Verlegenheit dabei aufkommt, weist dies auf Deine uneingeschränkte Freiheit hin. Du hast nichts zu verbergen und bist stolz darauf, wer Du bist. Der Traum weist auf absolute Aufrichtigkeit, Offenheit und eine unbekümmerte Natur hin.

Verfolgt werden

Verfolgungsträume widerspiegeln oft unsere Ängste aus unserem realen Leben. Die Art, wie wir mit Druck und Besorgnis umgehen, zeigt sich in dem Traum, in dem wir verfolgt werden. Weglaufen ist eine instinktive Reaktion auf eine körperliche Bedrohung in unserer Umgebung.

In diesen Traumszenarien wird man oft von einem Angreifer verfolgt, der einen verletzen oder töten will. Man versucht ihm zu entkommen, sich zu verstecken oder ihn zu überlisten.

So wie Du auf den Angreifer reagierst, so reagierst Du auch im wahren Leben auf Situationen in denen Du Angst verspürst. Möglicherweise rennst Du davor weg, statt Dich damit zu konfrontieren. Frage Dich genau, wovor Du wegrennst und was der Angreifer im Traum symbolisieren könnte. So kannst Du ein gutes Verständnis für Deine wahren Ängste entwickeln.

Der Verfolger kann auch einen Teil von Dir repräsentieren. Deine Gefühle von Groll, Neid, Angst und vielleicht auch Liebe können im Traum die Gestalt eines Verfolgers annehmen. Du projizierst die Gefühle auf die entsprechende Person oder das Wesen, welches Dich verfolgt.

Wenn Du das nächste Mal einen derartigen Traum hast, laufe nicht weg und frage den Angreifer, warum er Dich verfolgt. Wenn Du häufig solche Träume hast, nimm Dir das bereits vor dem Einschlafen bewusst vor. Plötzlich wird es Dir gelingen.

Möglicherweise zeigt Dir der Traum, dass Du Dich Deinen eigenen Gefühlen und selbstzerstörerischem Verhalten hingibst. Beispielsweise dass Du zu viel trinkst oder Feindseligkeit gegenüber anderen offen auslebst. Dies kann Deine Beziehungen, Deine Gesundheit und Deine Karriere gefährden. Sei deshalb dankbar für Die Träume, die Dich darauf aufmerksam machen und nimm sie ernst.

Eine direkte verständliche Aussage eines Verfolgungstraumes ist diese, dass Du wirklich Angst davor hast, angegriffen, beraubt oder vergewaltigt zu werden. Frauen haben diese Angst häufiger als Männer, da sie sich körperlich verletzlicher fühlen. Diese Ängste werden durch Medien geschürt, da es unzählige Berichterstattungen über Gewalt und Verbrechen gibt und wir Sendungen und Bücher rund um Kriminalität quasi zu unserer Unterhaltung konsumieren. Dies kann das Gefühl, ständig und überall bedroht zu sein, so verstärken, dass es uns in unsere Träume verfolgt.

Fallen

Auch Fall-Träume sind sehr häufig. Wie bereits gesagt, sterben wir nicht wirklich, wenn wir im Traum nach einem Fall am Boden aufschlagen. In den meisten Fällen wachen wir jedoch vor diesem Moment auf.

Wie bei vielen anderen Themen von häufigen Träumen ist das Fallen ein Anzeichen für Unsicherheit, Labilität und Ängstlichkeit. Du fühlst Dich von einer Situation in Deinem Leben überfordert und hast keine Kontrolle darüber. Dies kann Deine Gefühle in Deiner Beziehung oder Deiner Arbeit widerspiegeln. Du hast Deinen Halt verloren und kannst kaum noch mit der täglichen Hektik mithalten. Wenn Du im Traum fällst, ist dort nichts, woran Du Dich festhalten kannst. Du fällst einfach, ohne etwas dagegen tun zu können. Analog dazu, wie Du Dich im Leben fühlst.

Fall-Träume reflektieren auch oft ein Gefühl von Versagen und Unzulänglichkeit. Angst, im Job oder der Schule nicht zu genügen, Status zu verlieren oder nicht geliebt zu werden. Du hast Angst, den Status quo nicht aufrecht erhalten zu können und nicht mehr zu genügen.

Gemäß Freuds Theorie signalisieren Fall-Träume, dass man darüber nachdenkt, einem sexuellen Impuls oder Drang nachzugehen.

Meist kommen diese Träume in der ersten Phase des Schlafes vor und werden von Muskelzuckungen begleitet. Wir wachen oft auf, wenn unser ganzer Körper zuckt. Man geht davon aus, das dieses Zucken Teil eines Weckmechanismus ist, der den Schlafenden schnell aufweckt und in Alarmbereitschaft versetzt, damit er schnell auf mögliche Bedrohungen in der Umwelt reagieren kann.

Laut Bibel haben Träume, in denen man fällt, einen negativen Beigeschmack und suggerieren, dass der Träumende gemäß seinen eigenen Ansichten handelt und lebt und nicht nach diesen des Herrn.

Eine Prüfung / Test absolvieren

Wenn Du davon träumst, eine Prüfung oder einen Test abzulegen, bedeutet dies, dass Du in Deinem Leben einer Prüfung unterzogen wirst. Es weist auf Deine Unruhe und Ängstlichkeit hin. Insbesondere, wenn Du im Traum die gestellten Aufgaben im Test nicht lösen kannst, der Test nicht verständlich oder in einer fremden Sprache gestellt ist.

Läuft die Zeit und Du kommst nicht weiter? Du bist nicht fertig, wenn die Zeit abgelaufen ist? Kommst Du zu spät oder gar nicht zu der Prüfung? Funktioniert Dein Stift nicht oder ist der Computer defekt? Dies weist auf Dein mangelndes Selbstvertrauen hin. Du machst Dir Sorgen darüber, dass Du nicht die Leistung erbringst, welche Du selbst und andere von Dir erwarten. Es kann auch bedeuten, dass Du Dich für etwas unvorbereitet oder nicht gut genug fühlst. Du wirst schnell nervös, unsicher und stellst Dir das Schlimmste vor, das passieren kann.

Geht der Traum weniger um den Ablauf der Prüfung, als darum, wie Du Dich währenddessen fühlst? Dies kann darauf hindeuten, wie Du Dich bezüglich einer bestimmten Herausforderung, welche im wirklichen Leben auf Dich zukommen wird, fühlst. Bist Du Dich unsicher, unvorbereitet, gestresst oder eher freudig aufgeregt, gelassen, sicher und allem gewachsen was da kommen möge?

Diese Art Traum kann auch darauf hinweisen, dass Du beurteilst wirst und Du einem Teil von Dir, den Du vernachlässigst, mehr Aufmerksamkeit schenken sollst. Vielleicht fühlst Du Dich schuldig dafür, dass Du Dich nicht auf eine Prüfung in der Schule, eine Präsentation oder ein Meeting im Geschäft vorbereitet hast. Du möchtest andere nicht enttäuschen und Dich bloßstellen.

In den meisten Fällen, bestehen die Menschen, welche diesen Traum haben, die entsprechende Herausforderung im wirklichen Leben. Dies, da sich der Traum aus ihrem Gefühl, ihrer Angst oder inneren Überzeugung heraus manifestiert und nicht Tatsachen prophezeit.

Tiere

Je nachdem, welche Tiere im Traum vorkommen, stehen diese für körperliche Merkmale, primitive Verlangen und Sexualität. Tiere widerspiegeln die unzivilisierten, wilden Aspekte Deiner Persönlichkeit. Wenn Du also im Traum mit einem Tier kämpfst, kann das bedeuten, dass Du mit eine Eigenschaft von Dir ablehnst und diese versuchst zu verdrängen. Um welches Tier es sich dabei handelt, kann es auf unterschiedliche Eigenschaften hinweisen.

Wenn Tiere im Traum sprechen können, widerspiegelt dies überragendes Wissen und Weisheit. Es deutet auf großes Potential hin, alles sein zu können, was Du Dir wünschst.

Einem Tier das Leben zu retten bedeutet, dass Du erfolgreich Eigenschaften, welche das Tier repräsentiert in Deinem Leben anerkennst, nutzt und sinnvoll damit umgehst.

Wenn Du mit Versuchstieren in Kontakt kommst, bedeutet dies, dass Du etwas in Deinem Leben unterdrückst. Du kannst Deine Wünsche und Gefühle nicht genügend ausdrücken. Du solltest damit aufhören, Dich selbst zu begrenzen und beginnen, Deine Komfortzone zu erweitern und etwas zu wagen.

Menschen

Jede Person, die Dir im Traum erscheint, verkörpert einen Teil von Dir. Sie ist in der Regel also nicht wirklich die Person, die sie im wirklichen Leben ist. Die Person steht für eine ganz bestimmte Eigenschaft von Dir. Möglicherweise ist diese Eigenschaft im wirklichen Leben an dieser Person stark ausgeprägt. Im Traum bezieht sich diese jedoch auf Dich. Frage Dich genau, was dies sein könnte. Es kann etwas sein, das Du bewunderst und entwickeln möchtest. Oder es kann etwa sein, das Dir völlig widerstrebt und das Du verachtest. Dies kann Dir zu Einsicht über Dich, Deine Ansichten und Meinung verhelfen. Es kann ein Aufruf dazu sein, Deine Denkhaltung zu ändern, offener zu werden und den entsprechenden Aspekt Deiner Persönlichkeit zu akzeptieren. Ansonsten wird Dein spirituelles Wachstum gehindert und Dein Leben schwieriger.

Die andere Person in Deinem Traum widerspiegelt also immer Dich selbst. Halte Dir das immer vor Augen, wenn Du einen Traum deuten möchtest. Ansonsten verfolgst Du die falsche Fährte. Die einzige bekannte Ausnahme dabei bilden prophezeiende Träume.

Schwangerschaft oder Babies

Wenn Du träumst, dass Du schwanger bist,
bedeutet dies, dass ein Aspekt von Dir zu
wachsen und sich zu entwickeln beginnt.
Vielleicht reift eine neue Idee, ein neues Projekt,
ein neues Ziel oder der Wunsch nach einer völlig
neuen Lebensart in Dir. Du bist Dir dem
möglicherweise noch nicht bewusst oder nicht
dazu bereit, darüber zu sprechen oder danach zu
handeln.

Wenn Du das Kind in der Schwangerschaft
verlierst oder es stirbt, bedeutet dies, dass ein
Projekt, das Du mit Elan verfolgt hast, nicht so
verläuft, wie Du möchtest.

Wenn Du wirklich schwanger bist und von
Schwangerschaft träumst, widerspiegelt dies, dass
Du in Gedanken stark mit der Schwangerschaft
beschäftigt bist und möglicherweise Angst vor
Komplikationen hast.

Im ersten Drittel handeln diese Träume oft von
winzigen Kreaturen, verschwommenen Tierchen,
Blumen, Früchten und Wasser. Im zweiten Drittel
drehen sich die Träume dann eher um die
Bedenken, eine gute Mutter sein zu können und
um mögliche Komplikationen bei der Geburt.

Während dieser Phase ist es auch nicht außergewöhnlich, wenn man träumt, nicht menschliche Wesen zu gebären. Im letzten Drittel sind Träume über die eigene Mutter häufig.

Ein Mann, der träumt, dass eine Liebhaberin von ihm schwanger ist, warnt ihn davor, dass willkürliches Ausleben seiner Sexualität auf ihn zurück fallen könnte.

Im Traum ein Baby zu sehen bedeutet Unschuld, Wärme und Neuanfang. Babies verkörpern Wesenszüge von Dir, die rein, verwundbar und echt sind. Sie können auch auf das Gefühl von Hilflosigkeit hinweisen.

Wenn Du im Traum vergisst, dass Du ein Kind hast, ist es ein Hinweis darauf, dass Du versuchst, Deine Verwundbarkeit zu verbergen. Du möchtest nicht, dass andere Deine Schwächen wahrnehmen.

Im Traum auf dem Weg ins Krankenhaus zu sein um zu gebären, steht für den Wunsch, völlig umsorgt zu werden und für Abhängigkeit. Vielleicht willst Du Dich einer Verantwortung entziehen? Wenn Du tatsächlich schwanger bist, kann dieser Traum auch aus der Angst entstehen, es nicht rechtzeitig ins Krankenhaus zu schaffen.

Von einen schreienden Kind zu träumen,

bedeutet, dass ein Teil von Dir zu wenig Aufmerksamkeit bekommt. Oder es weist auf unerreichte Ziele und darauf hin, dass Dir etwas im Leben fehlt.

Der Traum von einem hungernden Baby signalisiert Abhängigkeit von anderen. Du leidest unter einem Mangel (physisch oder psychisch), der sofort behoben werden sollte.

Von einem außergewöhnlich kleinen Baby zu träumen symbolisiert Hilflosigkeit und Angst, dass andere entdecken könnten, wie verwundbar und unfähig man ist. Man hat Angst davor, um Hilfe zu bitten und versucht, alle noch so gravierenden Probleme selbst zu lösen.

Ein totes Baby zu sehen bedeutet das Ende eines Teils von Dir. Ein Baby in Wasser eintauchen und wieder herausziehen bedeutet einen Rückschritt oder Stagnation. Du wünscht Dir eine Zeit zurück, in der Du keine Sorgen und keine Verantwortung hattest. Es verweist auf die Zeit im Mutterleib, während der man völlig in einer Komfortzone lebte. Tatsächlich ist es so, dass viele Frauen in einem Pool gebären, welcher den Gegebenheiten im Mutterleib ähnelt. So kommt das Kind viel sanfter auf dieser Welt an. Der Traum deutet darauf hin, dass Du Dich in Deine Komfortzone wünschst.

Sex

Von Sex zu träumen bezieht sich auf psychologisches Wachstum und die Integration von widersprüchlichen Teilen Deiner Persönlichkeit. Du sollst Dich mehr öffnen und Aspekte der Persönlichkeit Deines Traum-Sexpartners in Deinen eigenen Charakter übernehmen.

Es kann jedoch auch sein, dass Dir Deine Libido durch den Traum sagen möchte, dass es einfach zu lang her ist, seit Du Sex hattest. Es kann unterdrücke sexuelle Wünsche bedeuten oder Dein Bedürfnis nach körperlichen und emotionaler Liebe.

Von Sex mit jemand anderem als Deinem Partner zu träumen kann bedeuten, dass Du unzufrieden mit Eurer Sexualität bist. Wenn dies jedoch nicht der Fall ist, kann der Traum Ausdruck einer harmlosen Fantasie sein. Vielleicht kannst Du den Traum dann als Ansporn nehmen, etwas mehr Abenteuer und Abwechslung in Dein Liebesleben zu bringen.

Sex mit einem Ex-Partner kann darauf hindeuten, dass Du Mühe hast, Dich auf eine neue Beziehung oder Situation einzulassen. Der Traum kann Gefühle, die Du hattest als ihr noch zusammen wart, kurzzeitig wieder aufleben lassen.

Es mag nicht romantisch sein, aber es ist in der Tat nicht ungewöhnlich, kurz vor der Hochzeit häufiger von erotischen Abenteuern mit anderen als der zukünftigen Braut oder dem zukünftigen Bräutigam zu träumen. Dies kann mit der intensiven Leidenschaft zusammenhängen, die Ihr in diesem Beziehungsstadium pflegt oder auch neue Rollen symbolisieren, welche Ihr beide in der Ehe annehmen werdet. Nicht zuletzt kann es Ausdruck von Unsicherheit, was die Zukunft so bringen möge, sein.

Wenn Du heterosexuell bist und von Sex mit jemandem des gleichen Geschlechts träumst, deutet das nicht zwangsläufig auf homosexuelle Neigungen hin. Es ist eher Ausdruck von wachsender Selbstakzeptanz. Nutze diesen Hinweis um Deine femininen und maskulinen Seiten bewusster zu leben.

Zu träumen, dass man das andere Geschlecht hat, bedeutet die Notwendigkeit, verstärkt Eigenschaften dieses Geschlechts anzunehmen und zuzulassen. Frage Dich, wie es sich anfühlen würde, ein Mann oder eine Frau zu sein, und wo es nützlich sein kann, diese Gefühle im realen

Leben zu integrieren. Vielleicht können Dir
männliche Elemente zu mehr Durchschlagskraft
im Beruf verhelfen oder Du kannst durch
Integration von weiblichen Elementen
feinfühliger werden.

Schlangen

Schlangen sind komplizierte, vieldeutige
Traumsymbole. Sie können positive und negative
Bedeutungen haben.

Eine Schlange sehen oder von einer gebissen
werden, bedeutet, dass Du Ängste oder Sorgen
unterdrückst, die Dich quälen. Der Traum kann
Dich vor etwas in Deinem Leben warnen, dessen
Du Dir nicht bewusst bist, oder das noch nicht an
die Oberfläche gekommen ist.

Die Schlange wird auch häufig als Phallus-
Symbol gesehen. Als dieses steht sie für
gefährliche und verbotene Sexualität.

Schlangen können auch für Personen in Deiner
Umgebung stehen, die gefährlich und
gewissenlos sind und denen Du nicht vertrauen
solltest.

Als positives Symbol kann die Schlange für

Transformation, Wissen und Weisheit stehen. Sie weist auf positive Veränderungen und Selbsterneuerung hin.

Schlangen können auch Urkraft, Versuchung und das Böse verkörpern. Das können Gefühle sein, welche Du versuchst zu unterdrücken. Wenn Du dies jedoch über lange Zeit tust, werden sie stärker und Du wirst Dich mit ihnen auseinandersetzen müssen.

Feuer

Je nach Kontext, in dem das Feuer im Traum vorkommt, kann es für Zerstörung, Verlangen, Leidenschaft, Wut, Transformation und Erleuchtung stehen. Es kann bedeuten, dass etwas Altes vorüber geht und etwas Neues in Dein Leben tritt. Deine Gedanken und Ansichten können sich verändern. Dies besonders, wenn im Traum das Feuer unter Kontrolle, oder in einem begrenzten Gebiet ist. Dann ist es eine Metapher für Dein eigenes inneres Feuer und Deine Transformation. Es steht auch für Deine Motivation, Deinen Antrieb.

Wenn Du träumst, dass Du von Feuer verbrannt

wirst, bedeutet dies, dass Dein Temperament mit Dir durchgeht. Eine Sache oder eine Situation verbrennt Dich bildlich gesehen innerlich.

Wenn ein Haus in Flammen steht heißt dies für Dich, dass Du nötige Veränderungen in Deinem Leben aktiv angehen musst. Ein wiederkehrender Traum darüber, dass das Haus Deiner Familie brennt bedeutet, dass Du noch nicht bereit für anstehende Veränderungen bist, oder dass Du dagegen ankämpfst. Anderseits kann es auch die Liebe und die Leidenschaft der Menschen um Dich herum hervorheben.

Ein Feuer zu löschen ist das Symbol dafür, dass Du durch harte Arbeit und Einsatz Hindernisse überwinden wirst.

Züge

Einen Zug zu sehen bedeutet, dass Du sehr angepasst lebst und das tust, was andere tun, und was von einem erwartet wird. Was Du tust, das tust Du ordentlich und eines nach dem anderen. Wenn Du einen Güterzug siehst steht dies für Bürde und die Probleme, welche Du mit Dir herum trägst.

In einem Zug zu sein ist symbolisch für Deinen Lebensweg auf dem Du Dich befindest. Es bedeutet, auf dem richtigen Weg zu sein, die passende Richtung eingeschlagen zu haben. Es kann auch heißen, dass Du dazu neigst, Dir unnötig über etwas Sorgen zu machen, was am Ende so herauskommt wie gewünscht.

Davon zu träumen im Wrack eines Zuges zu sein, bedeutet Chaos. Der Weg zum Erreichen Deines Ziels verläuft nicht so, wie Du es geplant hattest. Oder es fehlt Dir an Selbstvertrauen und Du zweifelst an Deinen Fähigkeiten, Ziele zu erreichen.

Zu Träumen, dass Du Ingenieur von Zügen bist, steht für völlige Kontrolle, die Du über Deine Lebensumstände hast.

Einen Zug zu verpassen weist auf ungenutzte

Möglichkeiten hin oder bedeutet, dass Du dem Tod von der Schippe springst.

Fahren

Im Traum ein Fahrzeug zu lenken steht metaphorisch für Deinen Lebensweg. Der Traum widerspiegelt, wie Du durch Dein Leben „navigierst".

Falls Du die Straße, die vor Dir liegt, nicht sehen kannst, bedeutet dies, dass Du orientierungslos bis in Deinem Leben. Du weißt nicht was Du willst und was Deine Bestimmung ist. Es fehlen Dir Ziele. Wenn die Straße sehr kurvig ist, wirst Du darauf hingewiesen, dass Du Probleme mit Deiner Zielerreichung und den damit zusammenhängenden Veränderungen hast.

Dich von jemandem chauffieren zu lassen weist auf Abhängigkeit gegenüber dem Fahrer hin. Du hast nicht die Kontrolle über Dein Leben und folgst den Zielen anderer, statt Deinen eigenen.

Den Wagen von der Beifahrerseite aus zu steuern heißt, dass Du Kontrolle über Dein Leben zurück gewinnst. Du lernst, Deine eigenen

Entscheidungen zu treffen.

Ein Taxi oder einen Bus zu steuern steht für eine niedrige Tätigkeit, welche kaum Möglichkeiten zu Weiterentwicklung bietet.

Ex-Partner

Von Deinem Ex-Partner, Deiner Ex-Partnerin zu träumen oder davon, dass ihr wieder zusammen kommt, kann bedeuten, dass jemand in Deinem wahren Leben ähnliche Gefühle in Dir auslöst, wie Du in der damaligen Beziehung hattest.

Der Traum kann Dich davor warnen, in der derzeitigen Beziehung gleiche Verhaltensmuster wie damals wieder aufleben zu lassen. Du solltest das, was Du aus den Fehlern der vergangenen Beziehung gelernt hast, jetzt umsetzen und nicht die gleichen Fehler nochmals machen. Anderseits kann der Traum auch einfach positive Erfahrungen, Die Du in dieser Beziehung gemacht hast, hervorheben.

Ehemalige Ehepartner im Traum zu sehen kann bedeuten, dass Du Dich in der Situation wiederfindest, in der Du nicht sein möchtest. Vielleicht erlebst Du eine ähnliche Beziehung oder auch eine andere bekannte Situation, welche Dich Bedrückt und unglücklich macht.

Von Ex-Partnern Deines derzeitigen Partners zu träumen kann bedeuten, dass Du Dich mit ihnen vergleichst. Es kann auch eine Warnung sein, nicht die gleichen Fehler zu machen, die die

Beziehung damals beendet haben.

In anderem Kontext, kann ein Ex-Partner im Traum auch für Aspekte Deiner Persönlichkeit, von denen Du Dich innerlich distanziert hast, oder die Du ablehnst, stehen.

Im Traum einem alten Schulfreund aus der Kindheit zu begegnen bezieht sich auf eine freiere, weniger belastete Beziehung. Der Traum bringt Dich zurück in eine Zeit, in der es kaum Verantwortung gab und das Leben spontan und ungezwungen war. Der Traum ist ein Weckruf, all diese Ungezwungenheit, Aufregung, Freiheit, Vitalität und das Abenteuer der Jugend wieder zurück in Dein Leben und Deine Beziehung zu holen.

Wenn Dir im Traum ein Ex-Partner Ratschläge bezüglich Deiner derzeitigen Beziehung erteilt, ist auch dies ein Zeichen dafür, dass Du nicht unbewusst die gleichen Fehler nochmals machen sollst, wie in der vergangenen Beziehung.

Von einer Ex-Partnerin, einem Ex-Partner massiert zu werden, bedeutet, dass Du Die Schutzmauer, welche Du nach dem Ende dieser Beziehung um Dich herum aufgebaut hast, wieder abbauen solltest. Es ist wieder Zeit, den Menschen zu vertrauen und Dich ganz auf eine neue Beziehung einzulassen und Dich zu öffnen.

Wenn Dein Ex-Partner Dir ein Stofftier schenkt, ist dies ein Zeichen dafür, dass Du in Beziehungen nach Bestätigung und Erfüllung von Bedürfnissen suchst. Es kann die damalige Beziehung oder auch Deine neue Beziehung betreffen. Auf jeden Fall ist es ein Aufruf dazu, in Beziehungen reifer zu werden und diese und den Partner nicht dazu zu missbrauchen, unerfüllte Bedürfnisse zu befriedigen, für welche Du selbst verantwortlich bist.

Den Ex-Partner in einem Anzug im Krankenhaus zu treffen, bedeutet, dass Du das Ende der Beziehung verarbeitet hast und der Heilungsprozess abgeschlossen ist.

Betrügen / Fremdgehen

Zu träumen, dass Du Deinen Partner betrügst resultiert aus Gefühlen von Schuld oder Selbstbetrug. Du handelst nicht nach Deinen Vorstellungen und nicht integer. So verschwendest Du Deine Energie für Unterfangen, die keine Früchte tragen werden. Es kann aber auch die Intensität Deiner sexuellen Leidenschaft und das Erforschen neuer Aspekte Deiner Sexualität widerspiegeln. So kann es tatsächlich auch als Beteuerung Deiner Hingabe gesehen werden. Wie bereits erwähnt, ist es ausserdem nicht ungewöhnlich, kurz vor einer Hochzeit erotische Träume mit anderen, als dem Partner oder der Partnerin, zu haben.

Zu träumen, dass Du selbst von Deinem Partner betrogen wirst, bedeutet, dass Du Angst davor hast, verlassen zu werden. Es kann sein, dass Dir in der Beziehung Aufmerksamkeit fehlt. Es kann auch sein, dass Du Dich den Erwartungen von anderen (Deinem Partner, Deiner Partnerin) nicht gewachsen fühlst. Dies kann daher stammen, dass Du ein kein Selbstvertrauen hast oder Du generell den Menschen misstraust.

Der Traum kann auch bedeuten, dass Du

unbewusst, Anzeichen dafür wahrnimmst, dass Dein Partner nicht ganz ehrlich Dir gegenüber ist, oder sich nicht bedingungslos zu Eurer Beziehung bekennt.

In einem Spiel von jemandem betrogen zu werden, heißt, dass Du nicht ehrlich mit Dir selbst bist.

Schule

Schule verkörpert im Traum Deine gegenwärtige „Lektion im Leben". Wenn Du diese Träume richtig deutest, können sie sehr hilfreich dabei sein, möglichst viel in dieser Lektion zu lernen. Stelle Dir diese Lektion einmal als Test vor und versuche, ein möglichst gutes Ergebnis zu erzielen. Das hilft Dir dabei, die Lektion spielerischer anzugehen. Es ist manchmal hinderlich, wenn Du so handelst als ob es um Leben und Tod ginge.

Du bist ein geistiges Wesen, welches durch seinen physischen Körper einen Traum erleben kann. Nicht umgekehrt. Vielleicht hast Du Dich schon einmal so gefühlt, wie wenn das Leben ein Spiel wäre. Wie Du eine Rolle spielst, die Du gar nicht wirklich verstehst und Du Dich mit Deinen Handlungen manchmal selbst überraschst? Ja?

Wenn wir schlafen wird ein sprichwörtlicher „Schleier der Vergesslichkeit", der uns tagsüber davor schützt, beim Test zu schummeln, gelüftet. Dann wird uns unser wirklicher Stand in der „Lektion des Lebens" offenbart und wir können Hilfe darin erfahren, welche Schritte, wir als nächste angehen sollten.

In unseren realen Leben verfügen wir stets über freien Willen. Wenn wir uns also weigern, die Lektion, die uns das Leben beibringen will, anzunehmen, ist dies unser gutes Recht. Aber das Leben wird wieder und wieder mit derselben Lektion aufwarten. Es ist in der Regel so, dass die Lektion von Mal zu Mal in unerfreulicherer Weise in Erscheinung tritt. Bis wir schließlich erkennen, dass wird diese annehmen müssen, um unser Wachstum fortzusetzen und so unseren Test bestehen.

Die alltäglichen Dinge, die wir im realen Leben für wichtig halten, sind im Vergleich zu unserer wahren Bestimmung unwichtig. Wir sind hier um etwas zu lernen, uns zu entwickeln und unsere spirituelle Kraft zu entfalten. Nimm deshalb die Lektionen an, die das Leben Dir bietet und lerne möglichst viel daraus.

Träume, in denen Schule vorkommt, sind dazu eine gute Hilfestellung. Setze Dich intensiv damit auseinander.

Das Haus

Träume über ein Haus symbolisieren Dich in Deiner ganzen Persönlichkeit. Jeder Raum, steht dafür für einen Aspekt Deiner Selbst.

Der Dachboden

Der Dachboden beispielsweise repräsentiert Dein höheres Selbst. Somit Deine spirituelle Entwicklung und Deinen Fortschritt. Sehe Dich im Traum auf dem Dachboden genau nach anderen Traumsymbolen um. Versuche diese in Abhängigkeit zueinander zu deuten. Erinnere Dich auch an das Gefühl, dass Du während des Traumes hattest. Warst Du nachdenklich, aufschlussreich, ängstlich? Alle diese Elemente sind Teil des Schlüssels.

Das Badezimmer

Das Badezimmer steht für etwas in Deinem Leben, das gereinigt oder eliminiert werden sollte. Dies kann etwas sein, dass einfach nicht zielführend ist, oder etwas, das seinen Sinn erfüllt hat. Es ist nun für Dich an der Zeit, weiterzugehen.

Die Küche

Die Küche ist das Symbol für das Bedürfnis nach oder die Bereitstellung von Nahrung. Nahrung für Körper, Geist und Seele. Je nachdem was gerade in Deinem Leben zentral ist. Wenn im Traum genügend Essen vorhanden ist, fehlt es Dir auch im wahren Leben an nichts. Wenn die Schränke leer sind, ist es Zeit zum Einkaufen. Du solltest Dich also fragen, was das Leben so auf den Einkaufszettel schreiben würde. Vielleicht mehr Zeit für Dich, Deine Familie, häufigere Meditation, mehr Sport oder eine anspruchsvollere Arbeitsstelle?

Das Esszimmer

Das Esszimmer ist mit der Küche vergleichbar, hat aber eher mit den dringenden Bedürfnissen nach Bereitstellung und Nutzung von Nahrung zu tun. Nicht mit der Zubereitung und Beschaffung. Die Küche hat vorbereitenden Charakter, das Esszimmer umsetzenden.

Das Wohnzimmer

Das Wohnzimmer ist das Symbol Deiner täglichen Interaktion mit anderen. Im Traum wirst Du also häufig im Wohnzimmer mit anderen aufeinandertreffen. Denke dabei daran, dass diese wiederum Aspekte Deiner selbst repräsentieren. Die Einrichtung des Wohnzimmers kann Hinweise auf Deinen Umgang mit anderen geben.

Das Schlafzimmer

Das Schlafzimmer ist der Ort Deines Unterbewusstseins, Deiner Träume, Deiner Ruhe und manchmal Deiner Sexualität.

Das Obergeschoss

Das Obergeschoss symbolisiert Deine spirituelle Bewusstheit oder Dein höheres Selbst. Dieses verfügt über alles Wissen bezüglich Deiner Rolle und Deinen Auftrag im Leben.

Das Untergeschoss / Keller

Das Untergeschoss und der Keller stehen für den unterbewussten Teil Deines Geistes. Dieser ist zuständig für Gewohnheiten, Reaktionen, Automatismen und das Ego. Dies ist im Allgemeinen der Teil von uns der uns auf die Zerreissprobe stellt zwischen „ich sollte das tun" und „ich tue nun aber viel lieber dies". Wenn das in Deinem Leben häufig der Fall ist, solltest Du alte Glaubenssätze und Ängste überdenken und auflösen. Dein Leben wird dann viel entspannter.

Das Erdgeschoss

Das Erdgeschoss entspricht Deiner Tagesordnung. Dem, was derzeit im Deinem Leben an der Oberfläche so vor sich geht.

Der Korridor

Der Korridor symbolisiert, dass Du einen Punkt erreicht hast, an dem Du durch eine Schwierigkeit hindurch gehen musst um an die andere Seite zu gelangen. Es kann ein schmaler Pfad sein, den Du mit Vorsicht beschreiten musst. Wenn Du während des Traumes ein Gefühl von Platzangst hast, solltest Du Deinen Geist für alternative Möglichkeiten, mit diesen Schwierigkeiten umzugehen öffnen.

Die Veranda

Die Veranda ist das Symbol für Unentschlossenheit. Bist Du in einer Sache sehr nachdenklich, überlegst hin und her oder drückst Dich ganz vor einer Entscheidung? Je nach Kontext des Traumes kann es aber auch die Schwelle zu einem neuen Lebensgefühl oder dem Ausleben neuer Aspekte Deiner Persönlichkeit bedeuten. War die Veranda vor oder hinter dem Haus? War sie mit Glas verkleidet oder offen? Aufgeräumt oder unordentlich? Leer oder mit Möbeln bestückt? Welche Farben standen im Vordergrund? Aus all diesen Tatsachen lassen sich Hinweise für Dein richtiges Leben ableiten.

Alte Häuser aus der Kindheit oder dem früheren Leben besuchen

Davon zu träumen ist ein Zeichen, dass ungelöste Angelegenheiten aus der Vergangenheit wieder auftauchen. Mit diesen solltest Du Dich auseinandersetzen, damit sie geheilt werden können und Du voranschreiten kannst. Ungelöste Probleme der Vergangenheit halten einen zurück. Wenn Du dazu neigst, den gleichen Fehler immer wieder zu machen, oder Dich seit langer Zeit die gleichen Ängste plagen, ist es wahrscheinlich, dass Du hin und wieder diese Art Traum hast.

Die Farben

Experten gehen davon aus, dass nahezu jeder farbig träumt. Wenn Dein Traum stark durch eine bestimmte Farbe geprägt ist, hat dies eine Bedeutung für die Traumdeutung. Hier die häufigsten Farben und ihre Bedeutung:

Schwarz

Schwarz steht für Unbekanntes, Unbewusstes, Gefahr, Geheimnisse, Dunkelheit, Tod, Trauer, Hass oder Arglist.

Wenn die Emotionen im Traum freudiger Natur waren, kann schwarz auch verborgene Spiritualität und göttliche Eigenschaften bedeuten.

Träume in schwarz-weiß weisen Dich darauf hin, dass Du in der Formulierung Deiner Entscheidungen sachlicher sein solltest. Möglicherweise bist Du in Deinen Gedankengängen zu unnachgiebig. Deshalb solltest Du lernen, auch die Ansichten von anderen anzuhören und darüber nachzudenken. Schwarz-weiße Träume können auch ein Zeichen von Traurigkeit oder Depression sein. Vielleicht hast Du das Gefühl, das in Deinem Leben nichts Spannendes passiert.

Blau

Blau bedeutet Wahrheit, Weisheit, Himmel, Unendlichkeit, Andacht, Ruhe, Loyalität und Offenheit. Das Blau in Deinem Traum symbolisiert spirituelle Führung und Deinen Optimismus für die Zukunft. Dein Geist ist klar.

Je nachdem, wie Dein Gefühl während des Traumes und der allgemeine Kontext war, kann die Farbe Blau metaphorisch auch im Sinne von "den Blues haben" verstanden werden. Sprich man fühlt sich niedergeschlagen und traurig.

Braun

Braun ist die Farbe für Weltlichkeit, Sachlichkeit, häuslichen und physischen Komfort, Konservatismus, materiellen Charakter. Braun symbolisiert auch die Erde und somit Bodenhaftung.

Gold

Die Farbe des Goldes steht für spirituelle Belohnung, Reichtum, Vervollkommnung und Vergrößerung Deiner Umgebung.

Grün

Grün bedeutet positive Veränderung, gute Gesundheit, Wachstum, Heilung, Hoffnung, Energie, Vitalität, Frieden und Gelassenheit. Ebenso steht es für Dein Streben nach Anerkennung und danach, Deine Unabhängigkeit zu festigen.

Oftmals werden auch Geld, Wohlstand und Eifersucht mit dieser Farbe assoziiert. Insbesondere Dunkelgrün deutet Materialismus, Betrug, List und Probleme, etwas zu teilen, an.

Grau

Grau symbolisiert Angst, Schrecken, Depression, schlechte Gesundheit, Zerrissenheit und Verwirrung. Möglicherweise fühlst Du Dich in Deinem Leben allein und emotional distanziert, wenn Dein Traum grau getönt war?

Orange

Orange bezeichnet Freundlichkeit, Großzügigkeit, Geselligkeit und eine kontaktfreudige Persönlichkeit. Ein Traum in Orange kann bedeuten, dass Du Deinen Horizont erweitern und Neues ausprobieren möchtest.

Pink

Pink steht für Liebe, Freude, Anmut, Glück, Warmherzigkeit und Freundlichkeit. Mit der Farbe wird auch Heilung durch wahre Liebe und bedingungslose Liebe in Verbindung gebracht.

Lila

Lila ist die Farbe der Hingabe, der heilenden Fähigkeiten, liebevoller Güte und des Mitgefühls. Ausserdem steht Lila für Königlichkeit, Hohen Status und Würde.

Rot

Rot ist ein Anzeichen für pure Energie, Kraft, Lebenskraft, unbändige Leidenschaft, Aggression und Mut. Die Farbe hat einen stark spirituellen und gefühlsbetonten Bedeutungsumfang.

Rot ist auch die Farbe der Gefahr, der Schande, der sexuellen Impulse und Bedürfnisse. In dem Kontext kann Dich ein Traum, in dem Rot vorherrscht, dazu aufrufen, Deine Emotionen etwas zu zügeln.

Weiss

Weiss ist die Farbe der Reinheit, der Perfektion, des Friedens, der Unschuld, der Bewusstheit und des Neuanfangs. Möglicherweise erlebst Du gerade eine Art Neugeburt oder stehst dem Leben besonders positiv gegenüber?

In der östlichen Kultur ist es jedoch so, dass Weiß anders als im Westen für Tod und Trauer steht.

Gelb

Die Farbe Gelb beinhaltet positive und negative Aspekte. Wenn der gelb getönte Traum angenehm war, steht die Farbe für Intellekt, Energie, Beweglichkeit, Glück, Harmonie und Weisheit.

Wenn der Traum jedoch unangenehm war, dann steht Gelb in Zusammenhang mit Feigheit und Krankheit. Du hast möglicherweise Angst vor einer Entscheidung und schiebst diese auf die lange Bank, statt aktiv zu werden. Das führt zu Rückschlägen in Deinem Leben.

Tod

Vom Tod eines Nahestehenden zu träumen bedeutet, dass Dir eine bestimmt Eigenschaft, welche diese Person verkörpert, fehlt. Frage Dich deshalb, was diese Person für Dich besonders speziell macht und was Du besonders an ihr magst oder nicht magst. Diese Eigenschaft ist es, welche Dir in Deinen Beziehungen oder Deinem Leben fehlt. Es kann aber auch sein, dass das, was die Person verkörpert, keinerlei Bedeutung für Dich hat. Hinterfrage aber genau, ob dies wirklich so ist, oder ob Du diese Eigenschaft nur stark verdrängst, weil Du sie verabscheust.

Zu träumen, wie Du selbst stirbst, deutet innere Veränderungen, Transformation, Selbstfindung und positive Entwicklung in Deinem Leben an.

Obwohl derartige Träume meist Angst hervorrufen, besteht kein Grund zur Sorge. Der Tod steht metaphorisch für ein Ende oder die Auflösung von bestimmten Umständen und Gewohnheiten. Grundsätzlich handelt es sich also um ein positives Symbol. Veränderungen und Neuanfang stehen Dir bevor und Du lässt die Vergangenheit hinter Dir. Du kannst Dich darauf freuen!

Auf der anderen Seite kann der Traum, selbst zu sterben bedeuten, dass man sich in einer sehr schmerzvollen Beziehung befindet. Es kann ungesundes, destruktives Verhalten signalisieren. Fühlst Du Dich in Deinem Leben deprimiert oder aufgrund einer Beziehung oder einer spezifischen Situation eingeengt? Kann es sein, dass Deine Gedanken bei einer unheilbar kranken Person in Deinem Leben sind? Oder bist Du dabei, Dich aus einer Verpflichtung oder Verantwortung zu lösen?

Wenn Du im Traum jemanden sterben siehst, bedeutet das, dass Deine Gefühle für diese Person tot sind. Es kann auch auf eine große anstehende Veränderung oder ein Verlust in der Beziehung mit Diesem Menschen hindeuten. Oder es kann auch sein, dass Du den Teil Deiner Persönlichkeit, den diese Person verkörpert, unterdrücken willst.

Liebe und Lust

Von Liebe oder verliebt sein zu träumen bedeutet, dass man im wahren Leben intensive Gefühle in einer lebendigen Beziehung erlebst. Es steht für Glück und Zufriedenheit in Deinem Leben. Auf der anderen Seite könnte es bedeuten, dass Du nicht genug Liebe im Alltag bekommst. Es ist ganz natürlich, dass wir akzeptiert und geliebt werden wollen. Welche der beiden Möglichkeiten für Dich in Frage kommt, kannst Du selbst am besten beurteilen.

Im Traum ein Liebespaar zu sehen bedeutet, dass Erfolg vor Dir liegt.

Zu träumen, dass ein Freund oder eine Freundin sich in Dich verliebt hat, kann dies den Ursprung in einem tatsächlichen Wunsch danach haben. Vielleicht hast auch Du selbst Gefühle entwickelt? Es kann sein, dass Dein Bewusstsein oder Unterbewusstsein so stark mit dem Thema beschäftigt ist, dass es Ausdruck in Deinen Träumen findet.

Der Traum kann jedoch auch bedeuten, dass Du Qualitäten, die Dein Freund verkörpert, in Deine eigene Persönlichkeit integriert hast.

Ausserirdische

Der Traum, dass Du selbst ein Ausserirdischer bist, symbolisiert einen Teil von Dir, den Du noch nicht entdeckt hast. Deine Manifestation als Ausserirdischer kann auch eine Flucht aus der Realität bedeuten. Träume dieser Art stehen auch für verrückte Ideen und wilde Fantasie.

Wenn Du im Traum von Außerirdischen entführt wirst, weist das auf Deine Angst vor Veränderungen in Deiner Umgebung oder davor, Dein zu Hause oder Deine Familie zu verlieren, hin. Du hast das Gefühl, dass in Deinen Freiraum oder Deine Privatsphäre eingedrungen wird.

Aliens zu sehen kann darauf hindeuten, dass Du Schwierigkeiten hast, Dich an Neuerungen oder Änderungen in Deinem Leben zu gewöhnen. Du fühlst Dich fremd und unverstanden. Psychologisch gesehen kann eine Begegnung mit einem Außerirdischen ein Aufeinandertreffen mit einem verleugneten oder unbekannten Teil von Dir bedeuten.

Engel

Engel sind wunderbare, unbeschreibliche Wesen. Ihnen im Traum zu begegnen weist allerdings auf eine ungewöhnliche Unruhe in Deiner Seele hin. Engel sind das Symbol der Gutmütigkeit, Reinheit, des Schutzes und des Trosts. Höre genau hin, was die Engel Dir mit auf den Weg geben möchten. Ihre Botschaft kann ein Schlüssel zu Erfüllung und Glück sein.

Engel können Dir auch im Traum erscheinen um Dich auf Deine boshaften und kaltherzigen Aktivitäten hinzuweisen.

Einen Engel zu sehen, der eine Schriftrolle hält, kennzeichnet einen außerordentlich spirituellen Traum. Darin werden Deine Zukunft und Deine Ziele klarer für Dich. Die Nachricht, auf der Schriftrolle ist dabei sehr wichtig. Versuche diese im Traum zu lesen und Dich unbedingt daran zu erinnern.

Kinder

Kinder im Traum widerspiegeln Deine eigenen kindlichen Eigenschaften oder bedeuten einen Rückzug in einen kindlichen Zustand. Es ist ein Aufleben lassen Deines inneren Kindes in einer Zeit während des Traumes voller Unschuld, Einfachheit und Sorglosigkeit. Vielleicht sehnst Du Dich nach der Vergangenheit und der Chance, unerfüllte Wünsche und Hoffnungen von damals zu erfüllen? Dann nimm Dir einmal Zeit für Dich und Dein inneres Kind. Es kann sein, dass es Heilung benötigt und Dich dafür mit innerem Wachstum belohnt.

Wenn Deine eigenen (erwachsenen) Kinder im Traum plötzlich wieder jung sind, ist es ein Hinweis an Dich, dass Du sie noch immer als abhängig und unselbstständig siehst. Sprich Du möchtest Sie nicht loslassen und Dich wichtig und gebraucht fühlen.

Kinder zu beobachten, welche Dich nicht wahrnehmen ist eine Metapher für verborgenes Wissen oder ein Talent, das Du noch nicht erkannt hast.

Ein Kind zu retten bedeutet, einen Teil von Dir selbst davor zu schützen, zerstört zu werden.

Tote Menschen

Tote in Deinem Traum zu sehen warnt Dich davor, von negativen Menschen beeinflusst zu werden und Dich mit den falschen Freunden zu umgeben. Es könnte ein finanzieller Schaden daraus entstehen. Der Traum kann auch bedeuten, dass es noch Gefühle gibt, welche durch den Tod eines Nahestehenden ausgelöst wurden, die aufgelöst werden sollten.

Im Traum mit Deinem verstorbenen Vater zu sprechen, kann eine Vorwarnung dafür sein, dass Du drauf und dran bist ein schlechtes Geschäft abzuschließen. Überdenke in Zukunft deshalb Deine Entscheidungen gut.

Deiner verstorbenen Mutter zu begegnen macht Dich auf die Kaltherzigkeit aufmerksam, mit der Du mit den Menschen in Deinem Umfeld umzugehen pflegst.

Den verstorbenen Eltern zu begegnen, kann Deine Angst, sie zu verlieren oder die Verarbeitung ihres Verlustes repräsentieren. Wenn zweiteres der Fall ist, gibt Dir der Traum die Möglichkeit, Dich zu verabschieden und ihnen noch das zu sagen, was Dir auf dem Herzen liegt.

Tote Geschwister, Freunde oder Verwandte zu sehen kann ein Vorbote dafür sein, dass Du bald angerufen und um Hilfe gebeten wirst. Wenn Du wirklich eine Person verloren hast, kann es auch bedeuten, dass Du sie und die guten alten Zeiten mit ihr vermisst. Wenn Du in der Hektik des Alltags keine Zeit dazu findest, den Verlust zu verarbeiten, versucht das Unterbewusstsein, dies im Schlaf zu tun. Du tust Dir jedoch sicher etwas Gutes, wenn Du Dir die Zeit dazu nimmst.

Fürchte Dich nicht vor Gesprächen mit Verstorbenen. Sie können Dir in vielen Fällen große Erleichterung verschaffen.

Unfälle

m Traum in einen Unfall verwickelt zu werden bedeutet, dass Du Dich schuldig fühlst und Dich unbewusst dafür bestrafst.

Ein Autounfall symbolisiert Deinen emotionalen Zustand. Möglicherweise hegst Du größte Ängste und Unsicherheiten. Verlangst Du Dir möglicherweise zu viel ab? Der Traum weist Dich darauf hin, einen Gang herunter zu schalten, bevor etwas passiert. Du solltest Deinen Aktionsplan neu überdenken und einen besseren Weg einschlagen.

Davon zu träumen, dass ein Nahestehender bei einem Unfall ums Leben kommt, weist auf einen Teil von Dir hin, der nicht mehr funktionstüchtig ist und seine Lebendigkeit verloren hat. Es ist auch symbolisch für Deine eigene Beziehung mit dieser Person. Möglicherweise solltest Du diese Beziehung loslassen.

Unfall-Träume können auch aus wirklichen Ängsten, einen Unfall zu haben, entstehen. Hast Du möglicherweise Angst davor, zu fliegen oder in ein Auto zu steigen?

Resumee bezüglich Traumsymbole

Die vorgängige Aufzählung ist natürlich nicht abschliessend. Jedes kleinste Detail kann eine Bedeutung für die Deutung des Traumes haben. Wenn hier etwas nicht aufgeführt war, findest Du online jede Menge weitere Informationen. Nicht alle dieser Informationen sind jedoch von guter Qualität. Halte Dir deshalb jeweils vor Augen, was Du in diesem Ebook gelernt hast. So kannst Du einfach beurteilen, ob die jeweilige Information auch zu Deinem Traum passt.

Es ist wichtig, Übung darin zu gewinnen, die Details des Traumes und Ihre Aussage zu verlinken. Auf der psychologischen Ebene brauchst Du nur zu verstehen, was das Netz von Assoziationen im Traum sagen kann. Immer bezogen auf Deine derzeitige Situation, deine derzeitigen Probleme und Konflikte.

Sehr oft sind diese Assoziationen von rein

emotionaler Natur. Diese kannst Du wie folgt analysieren:

1.Gehe von einem graphischen Traumbild aus.

2.Untersuche Deine emotionale Reaktion auf das Traumbild.

3.Überlege Dir, wann Du in der Vergangenheit das letzte Mal diese Emotion hattest.

Beziehe diese Situation auf die heutige Zeit. Wie hängt die Situation von damals mit Deinem derzeitigen Leben zusammen? Was kannst Du daraus lernen?

Wiederkehrende Träume bedeuten, dass Du ihre Bedeutung wieder und wieder ignorierst. Wenn Du nicht endlich aufwachst und Dich dem Problem annimmst, behinderst Du Dich selbst bei Weiterkommen im Leben.

Nachwort

Traumdeutung ist nicht die mystische Wissenschaft, die sie zu sein scheint. Es geht in erster Linie darum, Dich an die Träume zu erinnern. Danach kannst Du Dich anhand der vorgängig dargelegten Fakten an die Analyse machen.

Denke immer daran, dass eine Traumdeutung immer Deine eigene Interpretation darstellt. Es handelt sich nicht um die definitive, allgemeingültige und abschließende Antwort.

Wenn Du in Deinem Leben mit gravierenden Problemen zu kämpfen hast, empfehlen wir Dir, professionelle Hilfe in Anspruch zu nehmen. Dass Du Deine Träume jedoch genau beobachtest und versuchst, möglichst viel daraus zu lernen, ist auf jeden Fall sinnvoll.

Deine Träume sind einzigartig für Dich. Sie können all das, was in Deinem Leben gut ist widerspiegeln. Genauso all das, welches einer Verbesserung bedarf. Wenn Du das verstehst, wirst Du Dich selbst besser verstehen.

In dem Sinne – positive Träume!

Ihr Micheil Conan-Clach

weitere Bücher

Meine Rituale für den Alltag

von

Micheil Conan-Clach

alias

Michael Lettner

ISBN: 9783748545286

Alexandra Lettner

Aroma-Elfe

Basiswissen Aromatherapie

ISBN: 9783748544616

Online-Shop:

Der Shop für Aromatherapie und 100%
naturreine ätherische Öle

http://aroma-elfe.de